MON CARNET D'ŒNOLOGIE

www.editions-artemis.com

Direction éditoriale : Hélène Tellier
Coordination éditoriale : Marion Balbarie
PAO : Nathalie Lachaud, Francis Rossignol
Photogravure : Bertrand Desboudard

ISBN : 978-2-8160-1681-9
Numéro d'éditeur : 8160
Dépôt légal : octobre 2022

Achevé d'imprimer : septembre 2022
Imprimé en Europe par Impression World

MON CARNET D'ŒNOLOGIE

ARTÉMIS ÉDITIONS

COMPRENDRE LE VIN

Qu'est-ce qu'un cépage ?

Le mot cépage désigne la variété d'un plant de vigne, de la même façon qu'il existe différentes variétés de pommes. Chaque cépage est adapté à un climat différent. Certains se portent bien dans des régions froides, comme le pinot, tandis que d'autres s'épanouissent sous le soleil, à l'image du grenache.

Le cépage influencera le goût et la qualité du vin de façon primordiale. Chaque variété de raisin a des arômes différents, même si ce n'est pas évident au premier abord : si le muscat révèle des notes particulières dès qu'on le croque, les autres cépages possèdent des précurseurs aromatiques inodores qui ne se révèlent que lors de la vinification.

La localisation du cépage joue également sur la qualité du vin. Une syrah s'exprime par exemple de façon beaucoup plus fine et élégante lorsqu'elle est cultivée dans la vallée du Rhône septentrionale que dans le reste de la France.
Voici quelques cépages très ré-

pandus dans les vins français : cabernet franc, cabernet-sauvignon, gamay, grenache, merlot, pinot noir, syrah, chardonnay, riesling, viognier, gewurztraminer, etc.

Les appellations

L'AOC (appellation d'origine contrôlée) est le système de classification des vins français mis en place en 1935. Elle constitue un signe d'identification de la qualité et de l'origine grâce à un cahier des charges strict, portant sur la géographie et les procédés de culture et de vinification. L'équivalent au niveau européen est l'AOP (appellation d'origine protégée). Il y a plusieurs catégories d'AOC pour le vin, selon le périmètre géographique concerné :

- **AOC générique** : bourgogne, bordeaux...
- **AOC régionale** : médoc, côte-roannaise...
- **AOC communale** : chablis, saint-péray...

L'IGP (indication géographique protégée) est le deuxième niveau de classification, répondant également à un cahier

des charges. Il existe des IGP à dénomination départementale (IGP Pays de l'Aude), à dénomination de zone (IGP Pays des Cévennes), ou encore à dénomination régionale (IGP Pays d'oc).

Le vin sans indication géographique, ou vin de France, est un vin de consommation courante pouvant être un mélange de différents vins provenant de toute la France. Cela concerne aussi des vins qui ne respectent pas les cahiers des charges des AOC ou IGP en termes de cépages, de culture ou de vinification, bien que venant d'une zone définie.

Lire une étiquette

Catégorie du vin : vin de France, IGP, AOC (obligatoirement suivie du nom de la région ou de la commune).

- **Titre alcoométrique** : exprimé en degré, suivi du symbole « % vol. ».

– **Coordonnées de l'embouteilleur (négociant, coopérative ou vigneron) :** si le récoltant a lui-même mis son vin en bouteilles, on trouve la mention «mis en bouteilles à la propriété» (ou château, ou domaine).

– **Millésime :** il s'agit de l'année de récolte. Il n'est pas obligatoire mais il est souvent mentionné, sauf sur les vins de France où il ne peut être inscrit.

– **Marque ou domaine :** les termes châteaux, clos ou cru sont réservés aux appellations d'origine.

– **Mention « contient des sulfites » :** elle doit être indiquée au-delà de 10 mg/litre.

– **Cépage :** il n'y a aucune obligation de le préciser sur l'étiquette mais il peut être noté si le vin a été élaboré avec au moins 85% du cépage en question.

– **Le classement :** dans certains vignobles, comme le Bordelais, il existe des classements dont la mention est indiquée sur l'étiquette. Par exemple, un grand cru classé.

– **La contre-étiquette :** elle n'est pas toujours présente mais peut indiquer les cépages, la qualité du vin, la température de service, les accords intéressants ou encore le temps de garde.

D'autres mentions peuvent apparaître comme « vieilles vignes », « élevé en fût », un label biologique, le type de produit (sec, brut, doux, etc.), les distinctions ou médailles ou encore la couleur du vin.

DÉGUSTER LE VIN

L'EXAMEN VISUEL

Inclinez le verre au-dessus d'une surface blanche et observez dans un premier temps sa limpidité. La présence de particules vous indiquera le degré de filtration que le vinificateur a exercé. Regardez ensuite le liquide en bordure du verre. Il peut être cristallin, brillant, éclatant, ou au contraire mat, terne, éteint. Un aspect brillant révèlera une certaine acidité, qui apportera de la vivacité en bouche. En blanc comme en rouge, un disque terne annonce un vin médiocre.

Après avoir fait tourner le verre pour y faire remonter le vin, une certaine partie du liquide adhère à ses parois. Appelées jambes, larmes ou perles, ces coulées liquides renseignent sur la viscosité du vin, qui est fonction de sa richesse en alcool et en glycérol. Plus les larmes sont abondantes, plus la teneur en glycérol/éthanol est importante. Plus les larmes sont lentes à s'écouler, plus la teneur en sucre résiduel est importante. Selon sa

nature, son âge et sa provenance, la fluidité d'un vin peut varier : un châteauneuf-du-pape est ainsi plus gras qu'un beaujolais, et un vin d'âge moyen plus gras qu'un vin très vieux.

Passons à l'examen de la robe (la couleur) et de son intensité, qui évolue avec le temps. La couleur du vin dépend de sa nature (blanc, rouge, rosé), du ou des cépages, de son âge et du type de vinification.

Un vin blanc très jeune est presque toujours incolore, alors qu'une teinte jaune paille est un indice de maturité. Plus vieux, le vin blanc devient doré ou ambré. Les liquoreux atteignent facile-

ment ce stade et leur disque reste brillant. Par contre, un blanc sec vieux dont le disque paraît mat est certainement madérisé.

Pour les vins rosés, un rose violacé est un signe de jeunesse, alors que des tons orangés indiqueront un vin plus âgé.

Les vins rouges juvéniles ont des teintes pourpres ou violacées. Généralement, une couleur cerise ou framboise indique la maturité, une teinte rouge orangé le début du vieillissement, une teinte rouge brun un âge respectable. L'intensité de la couleur est liée à la saturation du vin en matières colorées. Elle peut dépendre du cépage : le pinot noir offre des intensités faibles, alors que les cabernets et le tannat donnent des rouges soutenus et sombres.

L'examen olfactif

Le premier nez : tenez le verre immobile et sentez le vin par saccades, les arômes les plus volatils se manifestent. Il faut déterminer quelle est votre première impression : est-elle franche ou «douteuse» ? Si vous arrivez déjà à déterminer certains arômes, on dira que le vin est ouvert, ou dans le cas contraire, fermé. Ne cherchez pas forcément à identifier immédiatement des arômes précis, mais plutôt une tendance.

Le second nez : faites tourner le vin dans votre verre, afin de le mettre en contact avec l'air et de libérer les arômes qu'il renferme.

L'EXAMEN GUSTATIF

Cette troisième phase de dégustation est la plus difficile, d'abord parce que les perceptions en bouche concernent plusieurs sens. Le goût se base sur les quatre saveurs fondamentales captées par les papilles de la langue : le sucré, l'acide, le salé, l'amer. L'olfaction, très liée aux perceptions gustatives, utilise la voie rétro-nasale, sensible aux arômes. La chaleur de l'alcool et la température de service du vin provoquent des sensations thermiques. Les impressions de moelleux, d'astringence et de consistance sont de nature tactile et la sensibilité au soufre ou au picotement du gaz carbonique de nature chimique.

Une autre difficulté est que certaines impressions renvoient à plusieurs sens. C'est par exemple le cas pour le moelleux, qui se réfère au goût sucré et à la viscosité, caractère tactile perçu par les muqueuses. Enfin, on constate que les saveurs qui définissent le goût s'expriment successivement, alors que les autres perceptions sont concomitantes. Ces caractéristiques des perceptions en bouche justifient les techniques de dégustation :

– prendre en bouche un volume de vin suffisant (de 10 à 15 ml), pour éviter sa dilution par la salive, mais pas trop, un excès de vin entraînant une déglutition trop rapide ;

– « mâcher » littéralement le vin pour en imprégner la langue et les muqueuses ;

– aspirer en même temps un peu d'air par la bouche pour diviser le vin en gouttelettes qui faciliteront l'imprégnation buccale et l'entraînement des arômes vers le bulbe olfactif.

Une fois ces étapes effectuées, on juge les arômes et la longueur en bouche du vin.

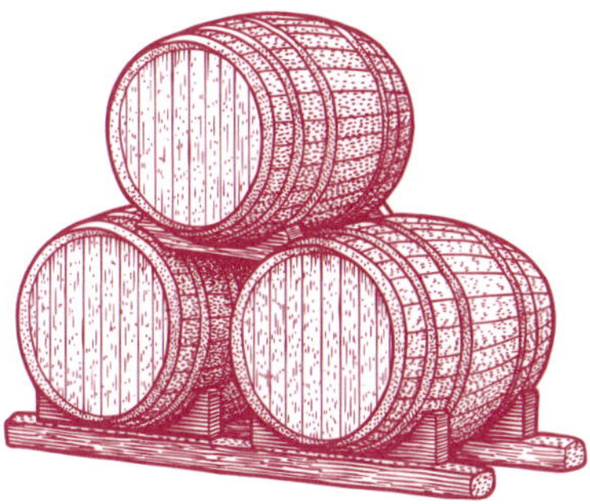

Tableau des arômes		
Floraux	Fleurs fraîches	Acacia, chèvrefeuille, tilleul, genêt, jasmin, rose, violette
	Fleurs séchées	Rose séchée, camomille
Fruités	Agrumes	Orange, pamplemousse, citron
	Agrumes confits	Zeste d'orange, zeste de citron
	Fruits rouges	Cerise, framboise, fraise, groseille
	Fruits noirs	Cassis, mûre, myrtille
	Fruits à noyau	Abricot, pêche, mirabelle
	Fruits à pépins	Coing, pomme, poire, melon, figue
	Fruits cuits	Compote, confiture
	Fruits secs	Raisin sec, amande, noisette, noix, datte, pruneau, figue sèche, abricot sec, banane séchée
	Fruits exotiques	Mangue, litchi, fruit de la passion, ananas, banane
Amyliques		Banane, bonbon
Végétaux	Herbes condimentaires	Fenouil, anis, persil, sauge, coriandre
	Végétal vert	Herbe coupée, buis, lierre, bourgeon de cassis
	Garrigue	Thym, romarin
	Herbes sauvages	Mélisse, verveine, menthe, eucalyptus
	Herbes séchées	Tabac, thé, foin
	Bois	Bois sec, bois vert, sciure, chêne, cèdre, balsa
	Sous-bois	Fougère, humus
	Champignons	Levure, champignon frais, truffe
	Légumes verts	Poivron vert, asperge

Balsamiques		Résine, pin, santal, cire d'abeille, baume, thuya, térébenthine, camphre
Épicés		Réglisse, vanille, cannelle, poivre, noix de muscade, paprika, clou de girofle
Animaux		Jus de viande, cuir, fourrure, gibier, civette, musc
Empyreumatiques		Arômes des substances soumises à l'action du feu : chocolat, café, pain grillé, caramel, fumée
Minéraux		Pierre à fusil, craie, graphite
Marins		Iode, marée, algues
Pâtisserie		Miel, pain frais, brioche, cake, pomme cuite
Lactés		Beurre frais, lait, crème, yaourt
Défauts		Vinaigre, bouchon, soufre, moisi, géranium, écurie, pipi de chat, faisandé, goudron, pétrole, placard, œuf pourri

Identification

Nom : ....

Appellation : ....

Région : ....

Producteur : ....

Cépages : ....

Millésime : ....

Type

- ❑ Rouge
- ❑ Blanc
- ❑ Rosé
- ❑ Effervescent

Prix : ....

Couleur

			❑ Jaune-vert
❑ Jaune paille	❑ Or vert	❑ Or pâle	❑ Or jaune
❑ Doré	❑ Vieil or	❑ Ambré clair	❑ Ambre foncé
❑ Roux	❑ Framboise	❑ Cerise	❑ Rubis
❑ Pourpre	❑ Violet	❑ Grenat	❑ Tuilé

Odeur

❑ Florale :	❑ Fruitée : ....
❑ Amylique :	❑ Végétale : ....
❑ Balsamique :	❑ Épicée : ....
❑ Animale :	❑ Empyreumétique : ....
❑ Minérale :	❑ Marine : ....
❑ Pâtisserie :	❑ Lactée : ....

❑ Défauts : ....

Goût

- ❑ Floral : ....
- ❑ Fruité : ....
- ❑ Amylique : ....
- ❑ Végétal : ....
- ❑ Balsamique : ....
- ❑ Épicé : ....
- ❑ Animal : ....
- ❑ Empyreumétique : ....
- ❑ Minéral : ....
- ❑ Marin : ....
- ❑ Pâtisserie : ....
- ❑ Lacté : ....
- ❑ Défauts : ....

Dégustation

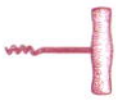

Douceur	Sec	Doux	Mœlleux
Acidité	Faible	Moyenne	Forte
Tanins	Souples	Structurés	Astringents
Corps	Faible	Moyen	Fort
Alcool	Faible	Moyen	Fort
Longueur	Courte	Moyenne	Longue

Remarques

....

....

....

....

Note

___ / 20

Identification

Nom : ....

Appellation : ....

Région : ....

Producteur : ....

Cépages : ....

Millésime : ....

Type

❑ Rouge

❑ Blanc

❑ Rosé

❑ Effervescent

Prix : ....

Couleur

			❑ Jaune-vert
❑ Jaune paille	❑ Or vert	❑ Or pâle	❑ Or jaune
❑ Doré	❑ Vieil or	❑ Ambré clair	❑ Ambre foncé
❑ Roux	❑ Framboise	❑ Cerise	❑ Rubis
❑ Pourpre	❑ Violet	❑ Grenat	❑ Tuilé

Odeur

❑ Florale : ....

❑ Amylique : ....

❑ Balsamique : ....

❑ Animale : ....

❑ Minérale : ....

❑ Pâtisserie : ....

❑ Fruitée : ....

❑ Végétale : ....

❑ Épicée : ....

❑ Empyreumétique : ....

❑ Marine : ....

❑ Lactée : ....

❑ Défauts : ....

Goût

- ❑ Floral : ....
- ❑ Fruité : ....
- ❑ Amylique : ....
- ❑ Végétal : ....
- ❑ Balsamique : ....
- ❑ Épicé : ....
- ❑ Animal : ....
- ❑ Empyreumétique : ....
- ❑ Minéral : ....
- ❑ Marin : ....
- ❑ Pâtisserie : ....
- ❑ Lacté : ....
- ❑ Défauts : ....

Dégustation

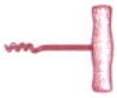

Douceur	Sec	Doux	Mœlleux
Acidité	Faible	Moyenne	Forte
Tanins	Souples	Structurés	Astringents
Corps	Faible	Moyen	Fort
Alcool	Faible	Moyen	Fort
Longueur	Courte	Moyenne	Longue

Remarques

....

....

....

....

Note

____ 20

Identification

Nom : ....

Appellation : ....

Région : ....

Producteur : ....

Cépages : ....

Millésime : ....

Type

- ❑ Rouge
- ❑ Blanc
- ❑ Rosé
- ❑ Effervescent

Prix : ....

Couleur

- ❑ Jaune-vert
- ❑ Jaune paille
- ❑ Or vert
- ❑ Or pâle
- ❑ Or jaune
- ❑ Doré
- ❑ Vieil or
- ❑ Ambré clair
- ❑ Ambre foncé
- ❑ Roux
- ❑ Framboise
- ❑ Cerise
- ❑ Rubis
- ❑ Pourpre
- ❑ Violet
- ❑ Grenat
- ❑ Tuilé

Odeur

- ❑ Florale : ....
- ❑ Fruitée : ....
- ❑ Amylique : ....
- ❑ Végétale : ....
- ❑ Balsamique : ....
- ❑ Épicée : ....
- ❑ Animale : ....
- ❑ Empyreumétique : ....
- ❑ Minérale : ....
- ❑ Marine : ....
- ❑ Pâtisserie : ....
- ❑ Lactée : ....
- ❑ Défauts : ....

Goût

- ❑ Floral : ....
- ❑ Fruité : ....
- ❑ Amylique : ....
- ❑ Végétal : ....
- ❑ Balsamique : ....
- ❑ Épicé : ....
- ❑ Animal : ....
- ❑ Empyreumétique : ....
- ❑ Minéral : ....
- ❑ Marin : ....
- ❑ Pâtisserie : ....
- ❑ Lacté : ....
- ❑ Défauts : ....

Dégustation

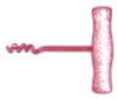

Douceur	Sec	Doux	Mœlleux
Acidité	Faible	Moyenne	Forte
Tanins	Souples	Structurés	Astringents
Corps	Faible	Moyen	Fort
Alcool	Faible	Moyen	Fort
Longueur	Courte	Moyenne	Longue

Remarques

....

....

....

....

Note

―――
20

Identification

Nom : ....

Appellation : ....

Région : ....

Producteur : ....

Cépages : ....

Millésime : ....

Type

- ❑ Rouge
- ❑ Blanc
- ❑ Rosé
- ❑ Effervescent

Prix : ....

Couleur

- ❑ Jaune-vert
- ❑ Jaune paille
- ❑ Or vert
- ❑ Or pâle
- ❑ Or jaune
- ❑ Doré
- ❑ Vieil or
- ❑ Ambré clair
- ❑ Ambre foncé
- ❑ Roux
- ❑ Framboise
- ❑ Cerise
- ❑ Rubis
- ❑ Pourpre
- ❑ Violet
- ❑ Grenat
- ❑ Tuilé

Odeur

- ❑ Florale : ....
- ❑ Fruitée : ....
- ❑ Amylique : ....
- ❑ Végétale : ....
- ❑ Balsamique : ....
- ❑ Épicée : ....
- ❑ Animale : ....
- ❑ Empyreumétique : ....
- ❑ Minérale : ....
- ❑ Marine : ....
- ❑ Pâtisserie : ....
- ❑ Lactée : ....
- ❑ Défauts : ....

Goût

- ❑ Floral : ....
- ❑ Fruité : ....
- ❑ Amylique : ....
- ❑ Végétal : ....
- ❑ Balsamique : ....
- ❑ Épicé : ....
- ❑ Animal : ....
- ❑ Empyreumétique : ....
- ❑ Minéral : ....
- ❑ Marin : ....
- ❑ Pâtisserie : ....
- ❑ Lacté : ....
- ❑ Défauts : ....

Dégustation

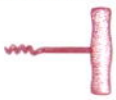

Douceur	Sec	Doux	Mœlleux
Acidité	Faible	Moyenne	Forte
Tanins	Souples	Structurés	Astringents
Corps	Faible	Moyen	Fort
Alcool	Faible	Moyen	Fort
Longueur	Courte	Moyenne	Longue

Remarques

....

....

....

....

Note

____
20

Identification

Nom : ....

Appellation : ....

Région : ....

Producteur : ....

Cépages : ....

Millésime : ....

Type

❑ Rouge

❑ Blanc

❑ Rosé

❑ Effervescent

Prix : ....

Couleur

			❑ Jaune-vert
❑ Jaune paille	❑ Or vert	❑ Or pâle	❑ Or jaune
❑ Doré	❑ Vieil or	❑ Ambré clair	❑ Ambre foncé
❑ Roux	❑ Framboise	❑ Cerise	❑ Rubis
❑ Pourpre	❑ Violet	❑ Grenat	❑ Tuilé

Odeur

❑ Florale : ....

❑ Amylique : ....

❑ Balsamique : ....

❑ Animale : ....

❑ Minérale : ....

❑ Pâtisserie : ....

❑ Fruitée : ....

❑ Végétale : ....

❑ Épicée : ....

❑ Empyreumétique : ....

❑ Marine : ....

❑ Lactée : ....

❑ Défauts : ....

Goût

- ❑ Floral : ....
- ❑ Fruité : ....
- ❑ Amylique : ....
- ❑ Végétal : ....
- ❑ Balsamique : ....
- ❑ Épicé : ....
- ❑ Animal : ....
- ❑ Empyreumétique : ....
- ❑ Minéral : ....
- ❑ Marin : ....
- ❑ Pâtisserie : ....
- ❑ Lacté : ....
- ❑ Défauts : ....

Dégustation

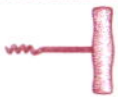

Douceur	Sec	Doux	Mœlleux
Acidité	Faible	Moyenne	Forte
Tanins	Souples	Structurés	Astringents
Corps	Faible	Moyen	Fort
Alcool	Faible	Moyen	Fort
Longueur	Courte	Moyenne	Longue

Remarques

....

....

....

....

Note

______

20

Identification

Nom : ....

Appellation : ....

Région : ....

Producteur : ....

Cépages : ....

Millésime : ....

Type

☐ Rouge

☐ Blanc

☐ Rosé

☐ Effervescent

Prix : ....

Couleur

☐ Jaune-vert

☐ Jaune paille ☐ Or vert ☐ Or pâle ☐ Or jaune

☐ Doré ☐ Vieil or ☐ Ambré clair ☐ Ambre foncé

☐ Roux ☐ Framboise ☐ Cerise ☐ Rubis

☐ Pourpre ☐ Violet ☐ Grenat ☐ Tuilé

Odeur

☐ Florale : .... ☐ Fruitée : ....

☐ Amylique : .... ☐ Végétale : ....

☐ Balsamique : .... ☐ Épicée : ....

☐ Animale : .... ☐ Empyreumétique : ....

☐ Minérale : .... ☐ Marine : ....

☐ Pâtisserie : .... ☐ Lactée : ....

☐ Défauts : ....

Goût

- ❑ Floral : ....
- ❑ Fruité : ....
- ❑ Amylique : ....
- ❑ Végétal : ....
- ❑ Balsamique : ....
- ❑ Épicé : ....
- ❑ Animal : ....
- ❑ Empyreumétique : ....
- ❑ Minéral : ....
- ❑ Marin : ....
- ❑ Pâtisserie : ....
- ❑ Lacté : ....
- ❑ Défauts : ....

Dégustation

Douceur	Sec	Doux	Mœlleux
Acidité	Faible	Moyenne	Forte
Tanins	Souples	Structurés	Astringents
Corps	Faible	Moyen	Fort
Alcool	Faible	Moyen	Fort
Longueur	Courte	Moyenne	Longue

Remarques

....

....

....

....

Note

$\overline{}$
20

Identification

Nom : ....

Appellation : ....

Région : ....

Producteur : ....

Cépages : ....

Millésime : ....

Type

☐ Rouge

☐ Blanc

☐ Rosé

☐ Effervescent

Prix : ....

Couleur

			☐ Jaune-vert
☐ Jaune paille	☐ Or vert	☐ Or pâle	☐ Or jaune
☐ Doré	☐ Vieil or	☐ Ambré clair	☐ Ambre foncé
☐ Roux	☐ Framboise	☐ Cerise	☐ Rubis
☐ Pourpre	☐ Violet	☐ Grenat	☐ Tuilé

Odeur

☐ Florale :	☐ Fruitée : ....
☐ Amylique :	☐ Végétale : ....
☐ Balsamique :	☐ Épicée : ....
☐ Animale :	☐ Empyreumétique : ....
☐ Minérale :	☐ Marine : ....
☐ Pâtisserie :	☐ Lactée : ....

☐ Défauts : ....

Goût

- ❑ Floral : ....
- ❑ Fruité : ....
- ❑ Amylique : ....
- ❑ Végétal : ....
- ❑ Balsamique : ....
- ❑ Épicé : ....
- ❑ Animal : ....
- ❑ Empyreumétique : ....
- ❑ Minéral : ....
- ❑ Marin : ....
- ❑ Pâtisserie : ....
- ❑ Lacté : ....
- ❑ Défauts : ....

Dégustation

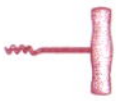

Douceur	Sec	Doux	Mœlleux
Acidité	Faible	Moyenne	Forte
Tanins	Souples	Structurés	Astringents
Corps	Faible	Moyen	Fort
Alcool	Faible	Moyen	Fort
Longueur	Courte	Moyenne	Longue

Remarques

....

....

....

....

Note

____
20

Identification

Nom : ....

Appellation : ....

Région : ....

Producteur : ....

Cépages : ....

Millésime : ....

Type

❑ Rouge

❑ Blanc

❑ Rosé

❑ Effervescent

Prix : ....

Couleur

			❑ Jaune-vert
❑ Jaune paille	❑ Or vert	❑ Or pâle	❑ Or jaune
❑ Doré	❑ Vieil or	❑ Ambré clair	❑ Ambre foncé
❑ Roux	❑ Framboise	❑ Cerise	❑ Rubis
❑ Pourpre	❑ Violet	❑ Grenat	❑ Tuilé

Odeur

❑ Florale :	❑ Fruitée : ....
❑ Amylique :	❑ Végétale : ....
❑ Balsamique :	❑ Épicée : ....
❑ Animale :	❑ Empyreumétique : ....
❑ Minérale :	❑ Marine : ....
❑ Pâtisserie :	❑ Lactée : ....

❑ Défauts : ....

Goût

- ❑ Floral : ....
- ❑ Fruité : ....
- ❑ Amylique : ....
- ❑ Végétal : ....
- ❑ Balsamique : ....
- ❑ Épicé : ....
- ❑ Animal : ....
- ❑ Empyreumétique : ....
- ❑ Minéral : ....
- ❑ Marin : ....
- ❑ Pâtisserie : ....
- ❑ Lacté : ....
- ❑ Défauts : ....

Dégustation

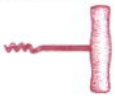

Douceur	Sec	Doux	Mœlleux
Acidité	Faible	Moyenne	Forte
Tanins	Souples	Structurés	Astringents
Corps	Faible	Moyen	Fort
Alcool	Faible	Moyen	Fort
Longueur	Courte	Moyenne	Longue

Remarques

....

....

....

....

Note

______
20

Identification

Nom : ....

Appellation : ....

Région : ....

Producteur : ....

Cépages : ....

Millésime : ....

Type

☐ Rouge

☐ Blanc

☐ Rosé

☐ Effervescent

Prix : ....

Couleur

			☐ Jaune-vert
☐ Jaune paille	☐ Or vert	☐ Or pâle	☐ Or jaune
☐ Doré	☐ Vieil or	☐ Ambré clair	☐ Ambre foncé
☐ Roux	☐ Framboise	☐ Cerise	☐ Rubis
☐ Pourpre	☐ Violet	☐ Grenat	☐ Tuilé

Odeur

☐ Florale : ....

☐ Amylique : ....

☐ Balsamique : ....

☐ Animale : ....

☐ Minérale : ....

☐ Pâtisserie : ....

☐ Fruitée : ....

☐ Végétale : ....

☐ Épicée : ....

☐ Empyreumétique : ....

☐ Marine : ....

☐ Lactée : ....

☐ Défauts : ....

Goût

- ❏ Floral : ....
- ❏ Fruité : ....
- ❏ Amylique : ....
- ❏ Végétal : ....
- ❏ Balsamique : ....
- ❏ Épicé : ....
- ❏ Animal : ....
- ❏ Empyreumétique : ....
- ❏ Minéral : ....
- ❏ Marin : ....
- ❏ Pâtisserie : ....
- ❏ Lacté : ....
- ❏ Défauts : ....

Dégustation

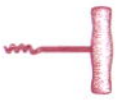

Douceur	Sec	Doux	Mœlleux
Acidité	Faible	Moyenne	Forte
Tanins	Souples	Structurés	Astringents
Corps	Faible	Moyen	Fort
Alcool	Faible	Moyen	Fort
Longueur	Courte	Moyenne	Longue

Remarques

....

....

....

....

Note

____ / 20

Identification

Nom : ....

Appellation : ....

Région : ....

Producteur : ....

Cépages : ....

Millésime : ....

Type

- ☐ Rouge
- ☐ Blanc
- ☐ Rosé
- ☐ Effervescent

Prix : ....

Couleur

			☐ Jaune-vert
☐ Jaune paille	☐ Or vert	☐ Or pâle	☐ Or jaune
☐ Doré	☐ Vieil or	☐ Ambré clair	☐ Ambre foncé
☐ Roux	☐ Framboise	☐ Cerise	☐ Rubis
☐ Pourpre	☐ Violet	☐ Grenat	☐ Tuilé

Odeur

- ☐ Florale : ....
- ☐ Fruitée : ....
- ☐ Amylique : ....
- ☐ Végétale : ....
- ☐ Balsamique : ....
- ☐ Épicée : ....
- ☐ Animale : ....
- ☐ Empyreumétique : ....
- ☐ Minérale : ....
- ☐ Marine : ....
- ☐ Pâtisserie : ....
- ☐ Lactée : ....
- ☐ Défauts : ....

Goût

- ❑ Floral : ....
- ❑ Fruité : ....
- ❑ Amylique : ....
- ❑ Végétal : ....
- ❑ Balsamique : ....
- ❑ Épicé : ....
- ❑ Animal : ....
- ❑ Empyreumétique : ....
- ❑ Minéral : ....
- ❑ Marin : ....
- ❑ Pâtisserie : ....
- ❑ Lacté : ....
- ❑ Défauts : ....

Dégustation

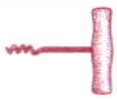

Douceur	Sec	Doux	Mœlleux
Acidité	Faible	Moyenne	Forte
Tanins	Souples	Structurés	Astringents
Corps	Faible	Moyen	Fort
Alcool	Faible	Moyen	Fort
Longueur	Courte	Moyenne	Longue

Remarques

....

....

....

....

Note

___ / 20

Identification

Nom : ....

Appellation : ....

Région : ....

Producteur : ....

Cépages : ....

Millésime : ....

Type

❑ Rouge

❑ Blanc

❑ Rosé

❑ Effervescent

Prix : ....

Couleur

❑ Jaune-vert

❑ Jaune paille ❑ Or vert ❑ Or pâle ❑ Or jaune

❑ Doré ❑ Vieil or ❑ Ambré clair ❑ Ambre foncé

❑ Roux ❑ Framboise ❑ Cerise ❑ Rubis

❑ Pourpre ❑ Violet ❑ Grenat ❑ Tuilé

Odeur

❑ Florale : ....

❑ Amylique : ....

❑ Balsamique : ....

❑ Animale : ....

❑ Minérale : ....

❑ Pâtisserie : ....

❑ Fruitée : ....

❑ Végétale : ....

❑ Épicée : ....

❑ Empyreumétique : ....

❑ Marine : ....

❑ Lactée : ....

❑ Défauts : ....

Goût 

- ❏ Floral : ....
- ❏ Fruité : ....
- ❏ Amylique : ....
- ❏ Végétal : ....
- ❏ Balsamique : ....
- ❏ Épicé : ....
- ❏ Animal : ....
- ❏ Empyreumétique : ....
- ❏ Minéral : ....
- ❏ Marin : ....
- ❏ Pâtisserie : ....
- ❏ Lacté : ....
- ❏ Défauts : ....

Dégustation 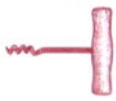

Douceur	Sec	Doux	Mœlleux
Acidité	Faible	Moyenne	Forte
Tanins	Souples	Structurés	Astringents
Corps	Faible	Moyen	Fort
Alcool	Faible	Moyen	Fort
Longueur	Courte	Moyenne	Longue

Remarques

....

....

....

....

Note

____ / 20

Identification

Nom : ....

Appellation : ....

Région : ....

Producteur : ....

Cépages : ....

Millésime : ....

Type

❑ Rouge

❑ Blanc

❑ Rosé

❑ Effervescent

Prix : ....

Couleur

			❑ Jaune-vert
❑ Jaune paille	❑ Or vert	❑ Or pâle	❑ Or jaune
❑ Doré	❑ Vieil or	❑ Ambré clair	❑ Ambre foncé
❑ Roux	❑ Framboise	❑ Cerise	❑ Rubis
❑ Pourpre	❑ Violet	❑ Grenat	❑ Tuilé

Odeur

❑ Florale : ....

❑ Amylique : ....

❑ Balsamique : ....

❑ Animale : ....

❑ Minérale : ....

❑ Pâtisserie : ....

❑ Fruitée : ....

❑ Végétale : ....

❑ Épicée : ....

❑ Empyreumétique : ....

❑ Marine : ....

❑ Lactée : ....

❑ Défauts : ....

Goût

- ❑ Floral : ....
- ❑ Fruité : ....
- ❑ Amylique : ....
- ❑ Végétal : ....
- ❑ Balsamique : ....
- ❑ Épicé : ....
- ❑ Animal : ....
- ❑ Empyreumétique : ....
- ❑ Minéral : ....
- ❑ Marin : ....
- ❑ Pâtisserie : ....
- ❑ Lacté : ....
- ❑ Défauts : ....

Dégustation

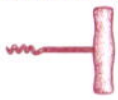

Douceur	Sec	Doux	Mœlleux
Acidité	Faible	Moyenne	Forte
Tanins	Souples	Structurés	Astringents
Corps	Faible	Moyen	Fort
Alcool	Faible	Moyen	Fort
Longueur	Courte	Moyenne	Longue

Remarques

....

....

....

....

Note

______

20

Identification

Nom : ....

Appellation : ....

Région : ....

Producteur : ....

Cépages : ....

Millésime : ....

Type

❑ Rouge

❑ Blanc

❑ Rosé

❑ Effervescent

Prix : ....

Couleur

			❑ Jaune-vert
❑ Jaune paille	❑ Or vert	❑ Or pâle	❑ Or jaune
❑ Doré	❑ Vieil or	❑ Ambré clair	❑ Ambre foncé
❑ Roux	❑ Framboise	❑ Cerise	❑ Rubis
❑ Pourpre	❑ Violet	❑ Grenat	❑ Tuilé

Odeur

❑ Florale : ....

❑ Amylique : ....

❑ Balsamique : ....

❑ Animale : ....

❑ Minérale : ....

❑ Pâtisserie : ....

❑ Fruitée : ....

❑ Végétale : ....

❑ Épicée : ....

❑ Empyreumétique : ....

❑ Marine : ....

❑ Lactée : ....

❑ Défauts : ....

Goût

❑ Floral : .... ❑ Fruité : ....

❑ Amylique : .... ❑ Végétal : ....

❑ Balsamique : .... ❑ Épicé : ....

❑ Animal : .... ❑ Empyreumétique : ....

❑ Minéral : .... ❑ Marin : ....

❑ Pâtisserie : .... ❑ Lacté : ....

❑ Défauts : ....

Dégustation

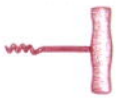

Douceur	Sec	Doux	Mœlleux
Acidité	Faible	Moyenne	Forte
Tanins	Souples	Structurés	Astringents
Corps	Faible	Moyen	Fort
Alcool	Faible	Moyen	Fort
Longueur	Courte	Moyenne	Longue

Remarques

....

....

....

....

Note

/ 20

Identification

Nom : ....

Appellation : ....

Région : ....

Producteur : ....

Cépages : ....

Millésime : ....

Type

☐ Rouge

☐ Blanc

☐ Rosé

☐ Effervescent

Prix : ....

Couleur

			☐ Jaune-vert
☐ Jaune paille	☐ Or vert	☐ Or pâle	☐ Or jaune
☐ Doré	☐ Vieil or	☐ Ambré clair	☐ Ambre foncé
☐ Roux	☐ Framboise	☐ Cerise	☐ Rubis
☐ Pourpre	☐ Violet	☐ Grenat	☐ Tuilé

Odeur

☐ Florale : ....

☐ Fruitée : ....

☐ Amylique : ....

☐ Végétale : ....

☐ Balsamique : ....

☐ Épicée : ....

☐ Animale : ....

☐ Empyreumétique : ....

☐ Minérale : ....

☐ Marine : ....

☐ Pâtisserie : ....

☐ Lactée : ....

☐ Défauts : ....

Goût 

- ❑ Floral : ....
- ❑ Amylique : ....
- ❑ Balsamique : ....
- ❑ Animal :.......................
- ❑ Minéral : ....
- ❑ Pâtisserie : ....
- ❑ Fruité :.......................
- ❑ Végétal : ....
- ❑ Épicé :.......................
- ❑ Empyreumétique :...........
- ❑ Marin : ....
- ❑ Lacté :.......................
- ❑ Défauts : ....

Dégustation 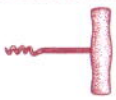

Douceur	Sec	Doux	Mœlleux
Acidité	Faible	Moyenne	Forte
Tanins	Souples	Structurés	Astringents
Corps	Faible	Moyen	Fort
Alcool	Faible	Moyen	Fort
Longueur	Courte	Moyenne	Longue

Remarques

....

....

....

....

Note

/20

Identification

Nom : ....

Appellation : ....

Région : ....

Producteur : ....

Cépages : ....

Millésime : ....

Type

☐ Rouge

☐ Blanc

☐ Rosé

☐ Effervescent

Prix : ....

Couleur

			☐ Jaune-vert
☐ Jaune paille	☐ Or vert	☐ Or pâle	☐ Or jaune
☐ Doré	☐ Vieil or	☐ Ambré clair	☐ Ambre foncé
☐ Roux	☐ Framboise	☐ Cerise	☐ Rubis
☐ Pourpre	☐ Violet	☐ Grenat	☐ Tuilé

Odeur

☐ Florale : ....

☐ Fruitée : ....

☐ Amylique : ....

☐ Végétale : ....

☐ Balsamique : ....

☐ Épicée : ....

☐ Animale : ....

☐ Empyreumétique : ....

☐ Minérale : ....

☐ Marine : ....

☐ Pâtisserie : ....

☐ Lactée : ....

☐ Défauts : ....

Goût

❏ Floral : ....

❏ Fruité : ....

❏ Amylique : ....

❏ Végétal : ....

❏ Balsamique : ....

❏ Épicé : ....

❏ Animal : ....

❏ Empyreumétique : ....

❏ Minéral : ....

❏ Marin : ....

❏ Pâtisserie : ....

❏ Lacté : ....

❏ Défauts : ....

Dégustation

Douceur	Sec	Doux	Mœlleux
Acidité	Faible	Moyenne	Forte
Tanins	Souples	Structurés	Astringents
Corps	Faible	Moyen	Fort
Alcool	Faible	Moyen	Fort
Longueur	Courte	Moyenne	Longue

Remarques

....

....

....

....

Note

—
20

Identification

Nom : ....

Appellation : ....

Région : ....

Producteur : ....

Cépages : ....

Millésime : ....

Type

- ☐ Rouge
- ☐ Blanc
- ☐ Rosé
- ☐ Effervescent

Prix : ....

Couleur

			☐ Jaune-vert
☐ Jaune paille	☐ Or vert	☐ Or pâle	☐ Or jaune
☐ Doré	☐ Vieil or	☐ Ambré clair	☐ Ambre foncé
☐ Roux	☐ Framboise	☐ Cerise	☐ Rubis
☐ Pourpre	☐ Violet	☐ Grenat	☐ Tuilé

Odeur

☐ Florale :	☐ Fruitée : ....
☐ Amylique :	☐ Végétale : ....
☐ Balsamique :	☐ Épicée : ....
☐ Animale :	☐ Empyreumétique : ....
☐ Minérale :	☐ Marine : ....
☐ Pâtisserie :	☐ Lactée : ....

☐ Défauts : ....

Goût

- ❑ Floral : ....
- ❑ Amylique : ....
- ❑ Balsamique : ....
- ❑ Animal :.......................
- ❑ Minéral : ....
- ❑ Pâtisserie : ....
- ❑ Fruité :........................
- ❑ Végétal : ....
- ❑ Épicé :.........................
- ❑ Empyreumétique :...........
- ❑ Marin : ....
- ❑ Lacté :.........................
- ❑ Défauts : ....

Dégustation

Douceur	Sec	Doux	Mœlleux
Acidité	Faible	Moyenne	Forte
Tanins	Souples	Structurés	Astringents
Corps	Faible	Moyen	Fort
Alcool	Faible	Moyen	Fort
Longueur	Courte	Moyenne	Longue

Remarques

....

....

....

....

Note

____
20

Identification

Nom : ....

Appellation : ....

Région : ....

Producteur : ....

Cépages : ....

Millésime : ....

Type

☐ Rouge

☐ Blanc

☐ Rosé

☐ Effervescent

Prix : ....

Couleur

☐ Jaune-vert

☐ Jaune paille ☐ Or vert ☐ Or pâle ☐ Or jaune

☐ Doré ☐ Vieil or ☐ Ambré clair ☐ Ambre foncé

☐ Roux ☐ Framboise ☐ Cerise ☐ Rubis

☐ Pourpre ☐ Violet ☐ Grenat ☐ Tuilé

Odeur

☐ Florale : ....

☐ Amylique : ....

☐ Balsamique : ....

☐ Animale : ....

☐ Minérale : ....

☐ Pâtisserie : ....

☐ Fruitée : ....

☐ Végétale : ....

☐ Épicée : ....

☐ Empyreumétique : ....

☐ Marine : ....

☐ Lactée : ....

☐ Défauts : ....

Goût

- ❑ Floral : ....
- ❑ Amylique : ....
- ❑ Balsamique : ....
- ❑ Animal : ....
- ❑ Minéral : ....
- ❑ Pâtisserie : ....
- ❑ Fruité : ....
- ❑ Végétal : ....
- ❑ Épicé : ....
- ❑ Empyreumétique : ....
- ❑ Marin : ....
- ❑ Lacté : ....
- ❑ Défauts : ....

Dégustation

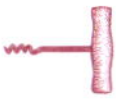

Douceur	Sec	Doux	Mœlleux
Acidité	Faible	Moyenne	Forte
Tanins	Souples	Structurés	Astringents
Corps	Faible	Moyen	Fort
Alcool	Faible	Moyen	Fort
Longueur	Courte	Moyenne	Longue

Remarques

....

....

....

....

Note

/20

Identification

Nom : ....

Appellation : ....

Région : ....

Producteur : ....

Cépages : ....

Millésime : ....

Type

❑ Rouge

❑ Blanc

❑ Rosé

❑ Effervescent

Prix : ....

Couleur

			❑ Jaune-vert
❑ Jaune paille	❑ Or vert	❑ Or pâle	❑ Or jaune
❑ Doré	❑ Vieil or	❑ Ambré clair	❑ Ambre foncé
❑ Roux	❑ Framboise	❑ Cerise	❑ Rubis
❑ Pourpre	❑ Violet	❑ Grenat	❑ Tuilé

Odeur

❑ Florale :	❑ Fruitée : ....
❑ Amylique :	❑ Végétale : ....
❑ Balsamique :	❑ Épicée : ....
❑ Animale :	❑ Empyreumétique : ....
❑ Minérale :	❑ Marine : ....
❑ Pâtisserie :	❑ Lactée : ....

❑ Défauts : ....

Goût

- ❑ Floral : ....
- ❑ Amylique : ....
- ❑ Balsamique : ....
- ❑ Animal : ....
- ❑ Minéral : ....
- ❑ Pâtisserie : ....
- ❑ Fruité : ....
- ❑ Végétal : ....
- ❑ Épicé : ....
- ❑ Empyreumétique : ....
- ❑ Marin : ....
- ❑ Lacté : ....
- ❑ Défauts : ....

Dégustation

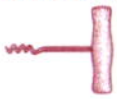

Douceur	Sec	Doux	Mœlleux
Acidité	Faible	Moyenne	Forte
Tanins	Souples	Structurés	Astringents
Corps	Faible	Moyen	Fort
Alcool	Faible	Moyen	Fort
Longueur	Courte	Moyenne	Longue

Remarques

....

....

....

....

Note

____ / 20

Identification

Nom : ....

Appellation : ....

Région : ....

Producteur : ....

Cépages : ....

Millésime : ....

Type

❑ Rouge

❑ Blanc

❑ Rosé

❑ Effervescent

Prix : ....

Couleur

❑ Jaune-vert

❑ Jaune paille ❑ Or vert ❑ Or pâle ❑ Or jaune

❑ Doré ❑ Vieil or ❑ Ambré clair ❑ Ambre foncé

❑ Roux ❑ Framboise ❑ Cerise ❑ Rubis

❑ Pourpre ❑ Violet ❑ Grenat ❑ Tuilé

Odeur

❑ Florale : .... ❑ Fruitée : ....

❑ Amylique : .... ❑ Végétale : ....

❑ Balsamique : .... ❑ Épicée : ....

❑ Animale : .... ❑ Empyreumétique : ....

❑ Minérale : .... ❑ Marine : ....

❑ Pâtisserie : .... ❑ Lactée : ....

❑ Défauts : ....

Goût

- ❑ Floral : ....
- ❑ Amylique : ....
- ❑ Balsamique : ....
- ❑ Animal : ....
- ❑ Minéral : ....
- ❑ Pâtisserie : ....
- ❑ Fruité : ....
- ❑ Végétal : ....
- ❑ Épicé : ....
- ❑ Empyreumétique : ....
- ❑ Marin : ....
- ❑ Lacté : ....
- ❑ Défauts : ....

Dégustation

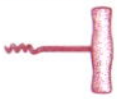

Douceur	Sec	Doux	Mœlleux
Acidité	Faible	Moyenne	Forte
Tanins	Souples	Structurés	Astringents
Corps	Faible	Moyen	Fort
Alcool	Faible	Moyen	Fort
Longueur	Courte	Moyenne	Longue

Remarques

....

....

....

....

Note

____
20

Identification

Nom : ....

Appellation : ....

Région : ....

Producteur : ....

Cépages : ....

Millésime : ....

Type

☐ Rouge

☐ Blanc

☐ Rosé

☐ Effervescent

Prix : ....

Couleur

			☐ Jaune-vert
☐ Jaune paille	☐ Or vert	☐ Or pâle	☐ Or jaune
☐ Doré	☐ Vieil or	☐ Ambré clair	☐ Ambre foncé
☐ Roux	☐ Framboise	☐ Cerise	☐ Rubis
☐ Pourpre	☐ Violet	☐ Grenat	☐ Tuilé

Odeur

☐ Florale : ....

☐ Amylique : ....

☐ Balsamique : ....

☐ Animale : ....

☐ Minérale : ....

☐ Pâtisserie : ....

☐ Fruitée : ....

☐ Végétale : ....

☐ Épicée : ....

☐ Empyreumétique : ....

☐ Marine : ....

☐ Lactée : ....

☐ Défauts : ....

Goût

- ❑ Floral : ....
- ❑ Fruité : ....
- ❑ Amylique : ....
- ❑ Végétal : ....
- ❑ Balsamique : ....
- ❑ Épicé : ....
- ❑ Animal : ....
- ❑ Empyreumétique : ....
- ❑ Minéral : ....
- ❑ Marin : ....
- ❑ Pâtisserie : ....
- ❑ Lacté : ....
- ❑ Défauts : ....

Dégustation

Douceur	Sec	Doux	Mœlleux
Acidité	Faible	Moyenne	Forte
Tanins	Souples	Structurés	Astringents
Corps	Faible	Moyen	Fort
Alcool	Faible	Moyen	Fort
Longueur	Courte	Moyenne	Longue

Remarques

....

....

....

....

Note

____ / 20

Identification

Nom : ....

Appellation : ....

Région : ....

Producteur : ....

Cépages : ....

Millésime : ....

Type

- ❑ Rouge
- ❑ Blanc
- ❑ Rosé
- ❑ Effervescent

Prix : ....

Couleur

			❑ Jaune-vert
❑ Jaune paille	❑ Or vert	❑ Or pâle	❑ Or jaune
❑ Doré	❑ Vieil or	❑ Ambré clair	❑ Ambre foncé
❑ Roux	❑ Framboise	❑ Cerise	❑ Rubis
❑ Pourpre	❑ Violet	❑ Grenat	❑ Tuilé

Odeur

❑ Florale : ....

❑ Fruitée : ....

❑ Amylique : ....

❑ Végétale : ....

❑ Balsamique : ....

❑ Épicée : ....

❑ Animale : ....

❑ Empyreumétique : ....

❑ Minérale : ....

❑ Marine : ....

❑ Pâtisserie : ....

❑ Lactée : ....

❑ Défauts : ....

Goût

- ❑ Floral : ....
- ❑ Fruité : ....
- ❑ Amylique : ....
- ❑ Végétal : ....
- ❑ Balsamique : ....
- ❑ Épicé : ....
- ❑ Animal : ....
- ❑ Empyreumétique : ....
- ❑ Minéral : ....
- ❑ Marin : ....
- ❑ Pâtisserie : ....
- ❑ Lacté : ....
- ❑ Défauts : ....

Dégustation

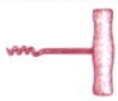

Douceur	Sec	Doux	Mœlleux
Acidité	Faible	Moyenne	Forte
Tanins	Souples	Structurés	Astringents
Corps	Faible	Moyen	Fort
Alcool	Faible	Moyen	Fort
Longueur	Courte	Moyenne	Longue

Remarques

....

....

....

....

Note

/ 20

Identification

Nom : ....

Appellation : ....

Région : ....

Producteur : ....

Cépages : ....

Millésime : ....

Type

- ❑ Rouge
- ❑ Blanc
- ❑ Rosé
- ❑ Effervescent

Prix : ....

Couleur

- ❑ Jaune-vert
- ❑ Jaune paille
- ❑ Or vert
- ❑ Or pâle
- ❑ Or jaune
- ❑ Doré
- ❑ Vieil or
- ❑ Ambré clair
- ❑ Ambre foncé
- ❑ Roux
- ❑ Framboise
- ❑ Cerise
- ❑ Rubis
- ❑ Pourpre
- ❑ Violet
- ❑ Grenat
- ❑ Tuilé

Odeur

- ❑ Florale : ....
- ❑ Fruitée : ....
- ❑ Amylique : ....
- ❑ Végétale : ....
- ❑ Balsamique : ....
- ❑ Épicée : ....
- ❑ Animale : ....
- ❑ Empyreumétique : ....
- ❑ Minérale : ....
- ❑ Marine : ....
- ❑ Pâtisserie : ....
- ❑ Lactée : ....
- ❑ Défauts : ....

Goût

❑ Floral : ....

❑ Fruité : ....

❑ Amylique : ....

❑ Végétal : ....

❑ Balsamique : ....

❑ Épicé : ....

❑ Animal : ....

❑ Empyreumétique : ....

❑ Minéral : ....

❑ Marin : ....

❑ Pâtisserie : ....

❑ Lacté : ....

❑ Défauts : ....

Dégustation

Douceur	Sec	Doux	Mœlleux
Acidité	Faible	Moyenne	Forte
Tanins	Souples	Structurés	Astringents
Corps	Faible	Moyen	Fort
Alcool	Faible	Moyen	Fort
Longueur	Courte	Moyenne	Longue

Remarques

....

....

....

....

Note

____ / 20

Identification

Nom : ....

Appellation : ....

Région : ....

Producteur : ....

Cépages : ....

Millésime : ....

Type

☐ Rouge

☐ Blanc

☐ Rosé

☐ Effervescent

Prix : ....

Couleur

			☐ Jaune-vert
☐ Jaune paille	☐ Or vert	☐ Or pâle	☐ Or jaune
☐ Doré	☐ Vieil or	☐ Ambré clair	☐ Ambre foncé
☐ Roux	☐ Framboise	☐ Cerise	☐ Rubis
☐ Pourpre	☐ Violet	☐ Grenat	☐ Tuilé

Odeur

☐ Florale : ....

☐ Fruitée : ....

☐ Amylique : ....

☐ Végétale : ....

☐ Balsamique : ....

☐ Épicée : ....

☐ Animale : ....

☐ Empyreumétique : ....

☐ Minérale : ....

☐ Marine : ....

☐ Pâtisserie : ....

☐ Lactée : ....

☐ Défauts : ....

Goût

- ❑ Floral : ....
- ❑ Fruité : ....
- ❑ Amylique : ....
- ❑ Végétal : ....
- ❑ Balsamique : ....
- ❑ Épicé : ....
- ❑ Animal : ....
- ❑ Empyreumétique : ....
- ❑ Minéral : ....
- ❑ Marin : ....
- ❑ Pâtisserie : ....
- ❑ Lacté : ....
- ❑ Défauts : ....

Dégustation

Douceur	Sec	Doux	Mœlleux
Acidité	Faible	Moyenne	Forte
Tanins	Souples	Structurés	Astringents
Corps	Faible	Moyen	Fort
Alcool	Faible	Moyen	Fort
Longueur	Courte	Moyenne	Longue

Remarques

....

....

....

....

Note

____ / 20

Identification

Nom : ....

Appellation : ....

Région : ....

Producteur : ....

Cépages : ....

Millésime : ....

Type

- ☐ Rouge
- ☐ Blanc
- ☐ Rosé
- ☐ Effervescent

Prix : ....

Couleur

			☐ Jaune-vert
☐ Jaune paille	☐ Or vert	☐ Or pâle	☐ Or jaune
☐ Doré	☐ Vieil or	☐ Ambré clair	☐ Ambre foncé
☐ Roux	☐ Framboise	☐ Cerise	☐ Rubis
☐ Pourpre	☐ Violet	☐ Grenat	☐ Tuilé

Odeur

☐ Florale :	☐ Fruitée : ....
☐ Amylique :	☐ Végétale : ....
☐ Balsamique :	☐ Épicée : ....
☐ Animale :	☐ Empyreumétique : ....
☐ Minérale :	☐ Marine : ....
☐ Pâtisserie :	☐ Lactée : ....

☐ Défauts : ....

Goût

- ❑ Floral : ....
- ❑ Fruité : ....
- ❑ Amylique : ....
- ❑ Végétal : ....
- ❑ Balsamique : ....
- ❑ Épicé : ....
- ❑ Animal : ....
- ❑ Empyreumétique : ....
- ❑ Minéral : ....
- ❑ Marin : ....
- ❑ Pâtisserie : ....
- ❑ Lacté : ....
- ❑ Défauts : ....

Dégustation

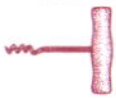

Douceur	Sec	Doux	Mœlleux
Acidité	Faible	Moyenne	Forte
Tanins	Souples	Structurés	Astringents
Corps	Faible	Moyen	Fort
Alcool	Faible	Moyen	Fort
Longueur	Courte	Moyenne	Longue

Remarques

....

....

....

....

Note

____ / 20

Identification

Nom : ....

Appellation : ....

Région : ....

Producteur : ....

Cépages : ....

Millésime : ....

Type

- ☐ Rouge
- ☐ Blanc
- ☐ Rosé
- ☐ Effervescent

Prix : ....

Couleur

			☐ Jaune-vert
☐ Jaune paille	☐ Or vert	☐ Or pâle	☐ Or jaune
☐ Doré	☐ Vieil or	☐ Ambré clair	☐ Ambre foncé
☐ Roux	☐ Framboise	☐ Cerise	☐ Rubis
☐ Pourpre	☐ Violet	☐ Grenat	☐ Tuilé

Odeur

☐ Florale :	☐ Fruitée : ....
☐ Amylique :	☐ Végétale : ....
☐ Balsamique :	☐ Épicée : ....
☐ Animale :	☐ Empyreumétique : ....
☐ Minérale :	☐ Marine : ....
☐ Pâtisserie :	☐ Lactée : ....

☐ Défauts : ....

Goût

- ❑ Floral : ....
- ❑ Fruité : ....
- ❑ Amylique : ....
- ❑ Végétal : ....
- ❑ Balsamique : ....
- ❑ Épicé : ....
- ❑ Animal : ....
- ❑ Empyreumétique : ....
- ❑ Minéral : ....
- ❑ Marin : ....
- ❑ Pâtisserie : ....
- ❑ Lacté : ....
- ❑ Défauts : ....

Dégustation

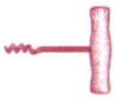

Douceur	Sec	Doux	Mœlleux
Acidité	Faible	Moyenne	Forte
Tanins	Souples	Structurés	Astringents
Corps	Faible	Moyen	Fort
Alcool	Faible	Moyen	Fort
Longueur	Courte	Moyenne	Longue

Remarques

....

....

....

....

Note

—
20

Identification

Nom : ....

Appellation : ....

Région : ....

Producteur : ....

Cépages : ....

Millésime : ....

Type

- ❑ Rouge
- ❑ Blanc
- ❑ Rosé
- ❑ Effervescent

Prix : ....

Couleur

- ❑ Jaune-vert
- ❑ Jaune paille
- ❑ Or vert
- ❑ Or pâle
- ❑ Or jaune
- ❑ Doré
- ❑ Vieil or
- ❑ Ambré clair
- ❑ Ambre foncé
- ❑ Roux
- ❑ Framboise
- ❑ Cerise
- ❑ Rubis
- ❑ Pourpre
- ❑ Violet
- ❑ Grenat
- ❑ Tuilé

Odeur

- ❑ Florale : ....
- ❑ Fruitée : ....
- ❑ Amylique : ....
- ❑ Végétale : ....
- ❑ Balsamique : ....
- ❑ Épicée : ....
- ❑ Animale : ....
- ❑ Empyreumétique : ....
- ❑ Minérale : ....
- ❑ Marine : ....
- ❑ Pâtisserie : ....
- ❑ Lactée : ....
- ❑ Défauts : ....

Goût

- ❑ Floral : ....
- ❑ Fruité : ....
- ❑ Amylique : ....
- ❑ Végétal : ....
- ❑ Balsamique : ....
- ❑ Épicé : ....
- ❑ Animal : ....
- ❑ Empyreumétique : ....
- ❑ Minéral : ....
- ❑ Marin : ....
- ❑ Pâtisserie : ....
- ❑ Lacté : ....
- ❑ Défauts : ....

Dégustation

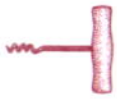

Douceur	Sec	Doux	Mœlleux
Acidité	Faible	Moyenne	Forte
Tanins	Souples	Structurés	Astringents
Corps	Faible	Moyen	Fort
Alcool	Faible	Moyen	Fort
Longueur	Courte	Moyenne	Longue

Remarques

....

....

....

....

Note

/20

Identification

Nom : ....

Appellation : ....

Région : ....

Producteur : ....

Cépages : ....

Millésime : ....

Type

☐ Rouge

☐ Blanc

☐ Rosé

☐ Effervescent

Prix : ....

Couleur

			☐ Jaune-vert
☐ Jaune paille	☐ Or vert	☐ Or pâle	☐ Or jaune
☐ Doré	☐ Vieil or	☐ Ambré clair	☐ Ambre foncé
☐ Roux	☐ Framboise	☐ Cerise	☐ Rubis
☐ Pourpre	☐ Violet	☐ Grenat	☐ Tuilé

Odeur

☐ Florale :	☐ Fruitée : ....
☐ Amylique :	☐ Végétale : ....
☐ Balsamique :	☐ Épicée : ....
☐ Animale :	☐ Empyreumétique : ....
☐ Minérale :	☐ Marine : ....
☐ Pâtisserie :	☐ Lactée : ....

☐ Défauts : ....

Goût

❑ Floral : ....

❑ Fruité : ....

❑ Amylique : ....

❑ Végétal : ....

❑ Balsamique : ....

❑ Épicé : ....

❑ Animal : ....

❑ Empyreumétique : ....

❑ Minéral : ....

❑ Marin : ....

❑ Pâtisserie : ....

❑ Lacté : ....

❑ Défauts : ....

Dégustation

Douceur	Sec	Doux	Mœlleux
Acidité	Faible	Moyenne	Forte
Tanins	Souples	Structurés	Astringents
Corps	Faible	Moyen	Fort
Alcool	Faible	Moyen	Fort
Longueur	Courte	Moyenne	Longue

Remarques

....

....

....

....

Note

____ / 20

Identification

Nom : ....

Appellation : ....

Région : ....

Producteur : ....

Cépages : ....

Millésime : ....

Type

- ❑ Rouge
- ❑ Blanc
- ❑ Rosé
- ❑ Effervescent

Prix : ....

Couleur

			❑ Jaune-vert
❑ Jaune paille	❑ Or vert	❑ Or pâle	❑ Or jaune
❑ Doré	❑ Vieil or	❑ Ambré clair	❑ Ambre foncé
❑ Roux	❑ Framboise	❑ Cerise	❑ Rubis
❑ Pourpre	❑ Violet	❑ Grenat	❑ Tuilé

Odeur

❑ Florale :	❑ Fruitée : ....
❑ Amylique :	❑ Végétale : ....
❑ Balsamique :	❑ Épicée : ....
❑ Animale :	❑ Empyreumétique : ....
❑ Minérale :	❑ Marine : ....
❑ Pâtisserie :	❑ Lactée : ....

❑ Défauts : ....

Goût

- ❑ Floral : ....
- ❑ Amylique : ....
- ❑ Balsamique : ....
- ❑ Animal :.......................
- ❑ Minéral : ....
- ❑ Pâtisserie : ....
- ❑ Fruité :.......................
- ❑ Végétal : ....
- ❑ Épicé :........................
- ❑ Empyreumétique :...........
- ❑ Marin : ....
- ❑ Lacté :.........................
- ❑ Défauts : ....

Dégustation

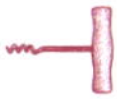

Douceur	Sec	Doux	Mœlleux
Acidité	Faible	Moyenne	Forte
Tanins	Souples	Structurés	Astringents
Corps	Faible	Moyen	Fort
Alcool	Faible	Moyen	Fort
Longueur	Courte	Moyenne	Longue

Remarques

....

....

....

....

Note

____
20

Identification

Nom : ....

Appellation : ....

Région : ....

Producteur : ....

Cépages : ....

Millésime : ....

Type

❑ Rouge

❑ Blanc

❑ Rosé

❑ Effervescent

Prix : ....

Couleur

			❑ Jaune-vert
❑ Jaune paille	❑ Or vert	❑ Or pâle	❑ Or jaune
❑ Doré	❑ Vieil or	❑ Ambré clair	❑ Ambre foncé
❑ Roux	❑ Framboise	❑ Cerise	❑ Rubis
❑ Pourpre	❑ Violet	❑ Grenat	❑ Tuilé

Odeur

❑ Florale : .... ❑ Fruitée : ....

❑ Amylique : .... ❑ Végétale : ....

❑ Balsamique : .... ❑ Épicée : ....

❑ Animale : .... ❑ Empyreumétique : ....

❑ Minérale : .... ❑ Marine : ....

❑ Pâtisserie : .... ❑ Lactée : ....

❑ Défauts : ....

Goût

- ❑ Floral : ....
- ❑ Fruité : ....
- ❑ Amylique : ....
- ❑ Végétal : ....
- ❑ Balsamique : ....
- ❑ Épicé : ....
- ❑ Animal : ....
- ❑ Empyreumétique : ....
- ❑ Minéral : ....
- ❑ Marin : ....
- ❑ Pâtisserie : ....
- ❑ Lacté : ....
- ❑ Défauts : ....

Dégustation

Douceur	Sec	Doux	Mœlleux
Acidité	Faible	Moyenne	Forte
Tanins	Souples	Structurés	Astringents
Corps	Faible	Moyen	Fort
Alcool	Faible	Moyen	Fort
Longueur	Courte	Moyenne	Longue

Remarques

....

....

....

....

Note

____
20

Identification

Nom : ....

Appellation : ....

Région : ....

Producteur : ....

Cépages : ....

Millésime : ....

Type

- ❑ Rouge
- ❑ Blanc
- ❑ Rosé
- ❑ Effervescent

Prix : ....

Couleur

- ❑ Jaune-vert
- ❑ Jaune paille
- ❑ Or vert
- ❑ Or pâle
- ❑ Or jaune
- ❑ Doré
- ❑ Vieil or
- ❑ Ambré clair
- ❑ Ambre foncé
- ❑ Roux
- ❑ Framboise
- ❑ Cerise
- ❑ Rubis
- ❑ Pourpre
- ❑ Violet
- ❑ Grenat
- ❑ Tuilé

Odeur

- ❑ Florale : ....
- ❑ Fruitée : ....
- ❑ Amylique : ....
- ❑ Végétale : ....
- ❑ Balsamique : ....
- ❑ Épicée : ....
- ❑ Animale : ....
- ❑ Empyreumétique : ....
- ❑ Minérale : ....
- ❑ Marine : ....
- ❑ Pâtisserie : ....
- ❑ Lactée : ....
- ❑ Défauts : ....

Goût

- ❑ Floral : ....
- ❑ Fruité : ....
- ❑ Amylique : ....
- ❑ Végétal : ....
- ❑ Balsamique : ....
- ❑ Épicé : ....
- ❑ Animal : ....
- ❑ Empyreumétique : ....
- ❑ Minéral : ....
- ❑ Marin : ....
- ❑ Pâtisserie : ....
- ❑ Lacté : ....
- ❑ Défauts : ....

Dégustation

Douceur	Sec	Doux	Mœlleux
Acidité	Faible	Moyenne	Forte
Tanins	Souples	Structurés	Astringents
Corps	Faible	Moyen	Fort
Alcool	Faible	Moyen	Fort
Longueur	Courte	Moyenne	Longue

Remarques

....

....

....

....

Note

____ / 20

Identification

Nom : ....

Appellation : ....

Région : ....

Producteur : ....

Cépages : ....

Millésime : ....

Type

❑ Rouge

❑ Blanc

❑ Rosé

❑ Effervescent

Prix : ....

Couleur

❑ Jaune-vert

❑ Jaune paille	❑ Or vert	❑ Or pâle	❑ Or jaune
❑ Doré	❑ Vieil or	❑ Ambré clair	❑ Ambre foncé
❑ Roux	❑ Framboise	❑ Cerise	❑ Rubis
❑ Pourpre	❑ Violet	❑ Grenat	❑ Tuilé

Odeur

❑ Florale :	❑ Fruitée : ....
❑ Amylique :	❑ Végétale : ....
❑ Balsamique :	❑ Épicée : ....
❑ Animale :	❑ Empyreumétique : ....
❑ Minérale :	❑ Marine : ....
❑ Pâtisserie :	❑ Lactée : ....

❑ Défauts : ....

Goût

- ❑ Floral : ....
- ❑ Fruité : ....
- ❑ Amylique : ....
- ❑ Végétal : ....
- ❑ Balsamique : ....
- ❑ Épicé : ....
- ❑ Animal : ....
- ❑ Empyreumétique : ....
- ❑ Minéral : ....
- ❑ Marin : ....
- ❑ Pâtisserie : ....
- ❑ Lacté : ....
- ❑ Défauts : ....

Dégustation

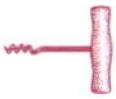

Douceur	Sec	Doux	Mœlleux
Acidité	Faible	Moyenne	Forte
Tanins	Souples	Structurés	Astringents
Corps	Faible	Moyen	Fort
Alcool	Faible	Moyen	Fort
Longueur	Courte	Moyenne	Longue

Remarques

....

....

....

....

Note

____
20

Identification

Nom : ....

Appellation : ....

Région : ....

Producteur : ....

Cépages : ....

Millésime : ....

Type

☐ Rouge

☐ Blanc

☐ Rosé

☐ Effervescent

Prix : ....

Couleur

			☐ Jaune-vert
☐ Jaune paille	☐ Or vert	☐ Or pâle	☐ Or jaune
☐ Doré	☐ Vieil or	☐ Ambré clair	☐ Ambre foncé
☐ Roux	☐ Framboise	☐ Cerise	☐ Rubis
☐ Pourpre	☐ Violet	☐ Grenat	☐ Tuilé

Odeur

☐ Florale : ....

☐ Fruitée : ....

☐ Amylique : ....

☐ Végétale : ....

☐ Balsamique : ....

☐ Épicée : ....

☐ Animale : ....

☐ Empyreumétique : ....

☐ Minérale : ....

☐ Marine : ....

☐ Pâtisserie : ....

☐ Lactée : ....

☐ Défauts : ....

Goût

- ☐ Floral : ....
- ☐ Fruité : ....
- ☐ Amylique : ....
- ☐ Végétal : ....
- ☐ Balsamique : ....
- ☐ Épicé : ....
- ☐ Animal : ....
- ☐ Empyreumétique : ....
- ☐ Minéral : ....
- ☐ Marin : ....
- ☐ Pâtisserie : ....
- ☐ Lacté : ....
- ☐ Défauts : ....

Dégustation

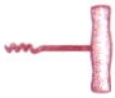

Douceur	Sec	Doux	Mœlleux
Acidité	Faible	Moyenne	Forte
Tanins	Souples	Structurés	Astringents
Corps	Faible	Moyen	Fort
Alcool	Faible	Moyen	Fort
Longueur	Courte	Moyenne	Longue

Remarques

....

....

....

....

Note

/ 20

Identification

Nom : ....

Appellation : ....

Région : ....

Producteur : ....

Cépages : ....

Millésime : ....

Type

- ❑ Rouge
- ❑ Blanc
- ❑ Rosé
- ❑ Effervescent

Prix : ....

Couleur

			❑ Jaune-vert
❑ Jaune paille	❑ Or vert	❑ Or pâle	❑ Or jaune
❑ Doré	❑ Vieil or	❑ Ambré clair	❑ Ambre foncé
❑ Roux	❑ Framboise	❑ Cerise	❑ Rubis
❑ Pourpre	❑ Violet	❑ Grenat	❑ Tuilé

Odeur

- ❑ Florale : ....
- ❑ Amylique : ....
- ❑ Balsamique : ....
- ❑ Animale : ....
- ❑ Minérale : ....
- ❑ Pâtisserie : ....
- ❑ Fruitée : ....
- ❑ Végétale : ....
- ❑ Épicée : ....
- ❑ Empyreumétique : ....
- ❑ Marine : ....
- ❑ Lactée : ....
- ❑ Défauts : ....

Goût 

- ❑ Floral : ....
- ❑ Amylique : ....
- ❑ Balsamique : ....
- ❑ Animal :.......................
- ❑ Minéral : ....
- ❑ Pâtisserie : ....
- ❑ Fruité :.........................
- ❑ Végétal : ....
- ❑ Épicé :..........................
- ❑ Empyreumétique :...........
- ❑ Marin : ....
- ❑ Lacté :..........................
- ❑ Défauts : ....

Dégustation 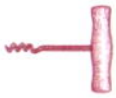

Douceur	Sec	Doux	Mœlleux
Acidité	Faible	Moyenne	Forte
Tanins	Souples	Structurés	Astringents
Corps	Faible	Moyen	Fort
Alcool	Faible	Moyen	Fort
Longueur	Courte	Moyenne	Longue

Remarques

....

....

....

....

Note

____
20

Identification

Nom : ....

Appellation : ....

Région : ....

Producteur : ....

Cépages : ....

Millésime : ....

Type

- ❑ Rouge
- ❑ Blanc
- ❑ Rosé
- ❑ Effervescent

Prix : ....

Couleur

			❑ Jaune-vert
❑ Jaune paille	❑ Or vert	❑ Or pâle	❑ Or jaune
❑ Doré	❑ Vieil or	❑ Ambré clair	❑ Ambre foncé
❑ Roux	❑ Framboise	❑ Cerise	❑ Rubis
❑ Pourpre	❑ Violet	❑ Grenat	❑ Tuilé

Odeur

- ❑ Florale : ....
- ❑ Amylique : ....
- ❑ Balsamique : ....
- ❑ Animale : ....
- ❑ Minérale : ....
- ❑ Pâtisserie : ....
- ❑ Fruitée : ....
- ❑ Végétale : ....
- ❑ Épicée : ....
- ❑ Empyreumétique : ....
- ❑ Marine : ....
- ❑ Lactée : ....
- ❑ Défauts : ....

Goût 

- ❑ Floral : ....
- ❑ Fruité : ....
- ❑ Amylique : ....
- ❑ Végétal : ....
- ❑ Balsamique : ....
- ❑ Épicé : ....
- ❑ Animal : ....
- ❑ Empyreumétique : ....
- ❑ Minéral : ....
- ❑ Marin : ....
- ❑ Pâtisserie : ....
- ❑ Lacté : ....
- ❑ Défauts : ....

Dégustation 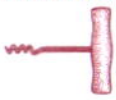

Douceur	Sec	Doux	Mœlleux
Acidité	Faible	Moyenne	Forte
Tanins	Souples	Structurés	Astringents
Corps	Faible	Moyen	Fort
Alcool	Faible	Moyen	Fort
Longueur	Courte	Moyenne	Longue

Remarques

....

....

....

....

Note

―――
20

Identification

Nom : ....

Appellation : ....

Région : ....

Producteur : ....

Cépages : ....

Millésime : ....

Type

- ❑ Rouge
- ❑ Blanc
- ❑ Rosé
- ❑ Effervescent

Prix : ....

Couleur

			❑ Jaune-vert
❑ Jaune paille	❑ Or vert	❑ Or pâle	❑ Or jaune
❑ Doré	❑ Vieil or	❑ Ambré clair	❑ Ambre foncé
❑ Roux	❑ Framboise	❑ Cerise	❑ Rubis
❑ Pourpre	❑ Violet	❑ Grenat	❑ Tuilé

Odeur

- ❑ Florale : ....
- ❑ Amylique : ....
- ❑ Balsamique : ....
- ❑ Animale : ....
- ❑ Minérale : ....
- ❑ Pâtisserie : ....
- ❑ Fruitée : ....
- ❑ Végétale : ....
- ❑ Épicée : ....
- ❑ Empyreumétique : ....
- ❑ Marine : ....
- ❑ Lactée : ....
- ❑ Défauts : ....

Goût

- ❑ Floral : ....
- ❑ Fruité : ....
- ❑ Amylique : ....
- ❑ Végétal : ....
- ❑ Balsamique : ....
- ❑ Épicé : ....
- ❑ Animal : ....
- ❑ Empyreumétique : ....
- ❑ Minéral : ....
- ❑ Marin : ....
- ❑ Pâtisserie : ....
- ❑ Lacté : ....
- ❑ Défauts : ....

Dégustation

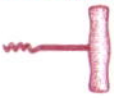

Douceur	Sec	Doux	Mœlleux
Acidité	Faible	Moyenne	Forte
Tanins	Souples	Structurés	Astringents
Corps	Faible	Moyen	Fort
Alcool	Faible	Moyen	Fort
Longueur	Courte	Moyenne	Longue

Remarques

....

....

....

....

Note

____ / 20

Identification

Nom : ....

Appellation : ....

Région : ....

Producteur : ....

Cépages : ....

Millésime : ....

Type

❑ Rouge

❑ Blanc

❑ Rosé

❑ Effervescent

Prix : ....

Couleur

			❑ Jaune-vert
❑ Jaune paille	❑ Or vert	❑ Or pâle	❑ Or jaune
❑ Doré	❑ Vieil or	❑ Ambré clair	❑ Ambre foncé
❑ Roux	❑ Framboise	❑ Cerise	❑ Rubis
❑ Pourpre	❑ Violet	❑ Grenat	❑ Tuilé

Odeur

❑ Florale : ....

❑ Amylique : ....

❑ Balsamique : ....

❑ Animale : ....

❑ Minérale : ....

❑ Pâtisserie : ....

❑ Fruitée : ....

❑ Végétale : ....

❑ Épicée : ....

❑ Empyreumétique : ....

❑ Marine : ....

❑ Lactée : ....

❑ Défauts : ....

Goût 

❑ Floral : ....

❑ Fruité : ....

❑ Amylique : ....

❑ Végétal : ....

❑ Balsamique : ....

❑ Épicé : ....

❑ Animal : ....

❑ Empyreumétique : ....

❑ Minéral : ....

❑ Marin : ....

❑ Pâtisserie : ....

❑ Lacté : ....

❑ Défauts : ....

Dégustation 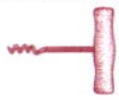

Douceur	Sec	Doux	Mœlleux
Acidité	Faible	Moyenne	Forte
Tanins	Souples	Structurés	Astringents
Corps	Faible	Moyen	Fort
Alcool	Faible	Moyen	Fort
Longueur	Courte	Moyenne	Longue

Remarques

....

....

....

....

Note

____
20

Identification

Nom : ....

Appellation : ....

Région : ....

Producteur : ....

Cépages : ....

Millésime : ....

Type

❑ Rouge

❑ Blanc

❑ Rosé

❑ Effervescent

Prix : ....

Couleur

			❑ Jaune-vert
❑ Jaune paille	❑ Or vert	❑ Or pâle	❑ Or jaune
❑ Doré	❑ Vieil or	❑ Ambré clair	❑ Ambre foncé
❑ Roux	❑ Framboise	❑ Cerise	❑ Rubis
❑ Pourpre	❑ Violet	❑ Grenat	❑ Tuilé

Odeur

❑ Florale :	❑ Fruitée : ....
❑ Amylique :	❑ Végétale : ....
❑ Balsamique :	❑ Épicée : ....
❑ Animale :	❑ Empyreumétique : ....
❑ Minérale :	❑ Marine : ....
❑ Pâtisserie :	❑ Lactée : ....

❑ Défauts : ....

Goût

- ❑ Floral : ....
- ❑ Fruité : ....
- ❑ Amylique : ....
- ❑ Végétal : ....
- ❑ Balsamique : ....
- ❑ Épicé : ....
- ❑ Animal : ....
- ❑ Empyreumétique : ....
- ❑ Minéral : ....
- ❑ Marin : ....
- ❑ Pâtisserie : ....
- ❑ Lacté : ....
- ❑ Défauts : ....

Dégustation

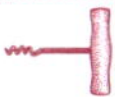

Douceur	Sec	Doux	Mœlleux
Acidité	Faible	Moyenne	Forte
Tanins	Souples	Structurés	Astringents
Corps	Faible	Moyen	Fort
Alcool	Faible	Moyen	Fort
Longueur	Courte	Moyenne	Longue

Remarques

....

....

....

....

Note

____ / 20

Identification

Nom : ....

Appellation : ....

Région : ....

Producteur : ....

Cépages : ....

Millésime : ....

Type

❑ Rouge

❑ Blanc

❑ Rosé

❑ Effervescent

Prix : ....

Couleur

❑ Jaune-vert

❑ Jaune paille ❑ Or vert ❑ Or pâle ❑ Or jaune

❑ Doré ❑ Vieil or ❑ Ambré clair ❑ Ambre foncé

❑ Roux ❑ Framboise ❑ Cerise ❑ Rubis

❑ Pourpre ❑ Violet ❑ Grenat ❑ Tuilé

Odeur

❑ Florale : ....

❑ Amylique : ....

❑ Balsamique : ....

❑ Animale : ....

❑ Minérale : ....

❑ Pâtisserie : ....

❑ Fruitée : ....

❑ Végétale : ....

❑ Épicée : ....

❑ Empyreumétique : ....

❑ Marine : ....

❑ Lactée : ....

❑ Défauts : ....

Goût 

- ❑ Floral : ....
- ❑ Fruité : ....
- ❑ Amylique : ....
- ❑ Végétal : ....
- ❑ Balsamique : ....
- ❑ Épicé : ....
- ❑ Animal : ....
- ❑ Empyreumétique : ....
- ❑ Minéral : ....
- ❑ Marin : ....
- ❑ Pâtisserie : ....
- ❑ Lacté : ....
- ❑ Défauts : ....

Dégustation 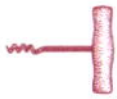

Douceur	Sec	Doux	Mœlleux
Acidité	Faible	Moyenne	Forte
Tanins	Souples	Structurés	Astringents
Corps	Faible	Moyen	Fort
Alcool	Faible	Moyen	Fort
Longueur	Courte	Moyenne	Longue

Remarques

....

....

....

....

Note

____ / 20

Identification

Nom : ....

Appellation : ....

Région : ....

Producteur : ....

Cépages : ....

Millésime : ....

Type

❑ Rouge

❑ Blanc

❑ Rosé

❑ Effervescent

Prix : ....

Couleur

			❑ Jaune-vert
❑ Jaune paille	❑ Or vert	❑ Or pâle	❑ Or jaune
❑ Doré	❑ Vieil or	❑ Ambré clair	❑ Ambre foncé
❑ Roux	❑ Framboise	❑ Cerise	❑ Rubis
❑ Pourpre	❑ Violet	❑ Grenat	❑ Tuilé

Odeur

❑ Florale : ....

❑ Fruitée : ....

❑ Amylique : ....

❑ Végétale : ....

❑ Balsamique : ....

❑ Épicée : ....

❑ Animale : ....

❑ Empyreumétique : ....

❑ Minérale : ....

❑ Marine : ....

❑ Pâtisserie : ....

❑ Lactée : ....

❑ Défauts : ....

Goût 

- ❑ Floral : ....
- ❑ Fruité : ....
- ❑ Amylique : ....
- ❑ Végétal : ....
- ❑ Balsamique : ....
- ❑ Épicé : ....
- ❑ Animal : ....
- ❑ Empyreumétique : ....
- ❑ Minéral : ....
- ❑ Marin : ....
- ❑ Pâtisserie : ....
- ❑ Lacté : ....
- ❑ Défauts : ....

Dégustation 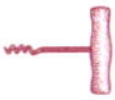

Douceur	Sec	Doux	Mœlleux
Acidité	Faible	Moyenne	Forte
Tanins	Souples	Structurés	Astringents
Corps	Faible	Moyen	Fort
Alcool	Faible	Moyen	Fort
Longueur	Courte	Moyenne	Longue

Remarques

....

....

....

....

Note

____ / 20

Identification

Nom : ....

Appellation : ....

Région : ....

Producteur : ....

Cépages : ....

Millésime : ....

Type

❑ Rouge

❑ Blanc

❑ Rosé

❑ Effervescent

Prix : ....

Couleur

			❑ Jaune-vert
❑ Jaune paille	❑ Or vert	❑ Or pâle	❑ Or jaune
❑ Doré	❑ Vieil or	❑ Ambré clair	❑ Ambre foncé
❑ Roux	❑ Framboise	❑ Cerise	❑ Rubis
❑ Pourpre	❑ Violet	❑ Grenat	❑ Tuilé

Odeur

❑ Florale : ....

❑ Amylique : ....

❑ Balsamique : ....

❑ Animale : ....

❑ Minérale : ....

❑ Pâtisserie : ....

❑ Fruitée : ....

❑ Végétale : ....

❑ Épicée : ....

❑ Empyreumétique : ....

❑ Marine : ....

❑ Lactée : ....

❑ Défauts : ....

Goût

❑ Floral : ....

❑ Amylique : ....

❑ Balsamique : ....

❑ Animal : ....

❑ Minéral : ....

❑ Pâtisserie : ....

❑ Fruité : ....

❑ Végétal : ....

❑ Épicé : ....

❑ Empyreumétique : ....

❑ Marin : ....

❑ Lacté : ....

❑ Défauts : ....

Dégustation

Douceur	Sec	Doux	Mœlleux
Acidité	Faible	Moyenne	Forte
Tanins	Souples	Structurés	Astringents
Corps	Faible	Moyen	Fort
Alcool	Faible	Moyen	Fort
Longueur	Courte	Moyenne	Longue

Remarques

....

....

....

....

Note

—

20

Identification

Nom : ....

Appellation : ....

Région : ....

Producteur : ....

Cépages : ....

Millésime : ....

Type

❑ Rouge

❑ Blanc

❑ Rosé

❑ Effervescent

Prix : ....

Couleur

			❑ Jaune-vert
❑ Jaune paille	❑ Or vert	❑ Or pâle	❑ Or jaune
❑ Doré	❑ Vieil or	❑ Ambré clair	❑ Ambre foncé
❑ Roux	❑ Framboise	❑ Cerise	❑ Rubis
❑ Pourpre	❑ Violet	❑ Grenat	❑ Tuilé

Odeur

❑ Florale : ....

❑ Amylique : ....

❑ Balsamique : ....

❑ Animale : ....

❑ Minérale : ....

❑ Pâtisserie : ....

❑ Fruitée : ....

❑ Végétale : ....

❑ Épicée : ....

❑ Empyreumétique : ....

❑ Marine : ....

❑ Lactée : ....

❑ Défauts : ....

Goût

- ❑ Floral : ....
- ❑ Fruité : ....
- ❑ Amylique : ....
- ❑ Végétal : ....
- ❑ Balsamique : ....
- ❑ Épicé : ....
- ❑ Animal : ....
- ❑ Empyreumétique : ....
- ❑ Minéral : ....
- ❑ Marin : ....
- ❑ Pâtisserie : ....
- ❑ Lacté : ....
- ❑ Défauts : ....

Dégustation

Douceur	Sec	Doux	Mœlleux
Acidité	Faible	Moyenne	Forte
Tanins	Souples	Structurés	Astringents
Corps	Faible	Moyen	Fort
Alcool	Faible	Moyen	Fort
Longueur	Courte	Moyenne	Longue

Remarques

....

....

....

....

Note

/20

Identification

Nom : ....

Appellation : ....

Région : ....

Producteur : ....

Cépages : ....

Millésime : ....

Type

- ❑ Rouge
- ❑ Blanc
- ❑ Rosé
- ❑ Effervescent

Prix : ....

Couleur

- ❑ Jaune-vert
- ❑ Jaune paille
- ❑ Or vert
- ❑ Or pâle
- ❑ Or jaune
- ❑ Doré
- ❑ Vieil or
- ❑ Ambré clair
- ❑ Ambre foncé
- ❑ Roux
- ❑ Framboise
- ❑ Cerise
- ❑ Rubis
- ❑ Pourpre
- ❑ Violet
- ❑ Grenat
- ❑ Tuilé

Odeur

- ❑ Florale : ....
- ❑ Fruitée : ....
- ❑ Amylique : ....
- ❑ Végétale : ....
- ❑ Balsamique : ....
- ❑ Épicée : ....
- ❑ Animale : ....
- ❑ Empyreumétique : ....
- ❑ Minérale : ....
- ❑ Marine : ....
- ❑ Pâtisserie : ....
- ❑ Lactée : ....
- ❑ Défauts : ....

Goût

- ❑ Floral : ....
- ❑ Fruité : ....
- ❑ Amylique : ....
- ❑ Végétal : ....
- ❑ Balsamique : ....
- ❑ Épicé : ....
- ❑ Animal : ....
- ❑ Empyreumétique : ....
- ❑ Minéral : ....
- ❑ Marin : ....
- ❑ Pâtisserie : ....
- ❑ Lacté : ....
- ❑ Défauts : ....

Dégustation

Douceur	Sec	Doux	Mœlleux
Acidité	Faible	Moyenne	Forte
Tanins	Souples	Structurés	Astringents
Corps	Faible	Moyen	Fort
Alcool	Faible	Moyen	Fort
Longueur	Courte	Moyenne	Longue

Remarques

....

....

....

....

Note

______
20

Identification

Nom : ....

Appellation : ....

Région : ....

Producteur : ....

Cépages : ....

Millésime : ....

Type

❑ Rouge

❑ Blanc

❑ Rosé

❑ Effervescent

Prix : ....

Couleur

❑ Jaune-vert

❑ Jaune paille ❑ Or vert ❑ Or pâle ❑ Or jaune

❑ Doré ❑ Vieil or ❑ Ambré clair ❑ Ambre foncé

❑ Roux ❑ Framboise ❑ Cerise ❑ Rubis

❑ Pourpre ❑ Violet ❑ Grenat ❑ Tuilé

Odeur

❑ Florale : .... ❑ Fruitée : ....

❑ Amylique : .... ❑ Végétale : ....

❑ Balsamique : .... ❑ Épicée : ....

❑ Animale : .... ❑ Empyreumétique : ....

❑ Minérale : .... ❑ Marine : ....

❑ Pâtisserie : .... ❑ Lactée : ....

❑ Défauts : ....

Goût

- ❑ Floral : ....
- ❑ Fruité : ....
- ❑ Amylique : ....
- ❑ Végétal : ....
- ❑ Balsamique : ....
- ❑ Épicé : ....
- ❑ Animal : ....
- ❑ Empyreumétique : ....
- ❑ Minéral : ....
- ❑ Marin : ....
- ❑ Pâtisserie : ....
- ❑ Lacté : ....
- ❑ Défauts : ....

Dégustation

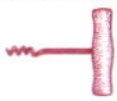

Douceur	Sec	Doux	Mœlleux
Acidité	Faible	Moyenne	Forte
Tanins	Souples	Structurés	Astringents
Corps	Faible	Moyen	Fort
Alcool	Faible	Moyen	Fort
Longueur	Courte	Moyenne	Longue

Remarques

....

....

....

....

Note

____ / 20

Identification

Nom : ....

Appellation : ....

Région : ....

Producteur : ....

Cépages : ....

Millésime : ....

Type

❑ Rouge

❑ Blanc

❑ Rosé

❑ Effervescent

Prix : ....

Couleur

			❑ Jaune-vert
❑ Jaune paille	❑ Or vert	❑ Or pâle	❑ Or jaune
❑ Doré	❑ Vieil or	❑ Ambré clair	❑ Ambre foncé
❑ Roux	❑ Framboise	❑ Cerise	❑ Rubis
❑ Pourpre	❑ Violet	❑ Grenat	❑ Tuilé

Odeur

❑ Florale :	❑ Fruitée : ....
❑ Amylique :	❑ Végétale : ....
❑ Balsamique :	❑ Épicée : ....
❑ Animale :	❑ Empyreumétique : ....
❑ Minérale :	❑ Marine : ....
❑ Pâtisserie :	❑ Lactée : ....

❑ Défauts : ....

Goût 

- ❑ Floral : ....
- ❑ Amylique : ....
- ❑ Balsamique : ....
- ❑ Animal :.......................
- ❑ Minéral : ....
- ❑ Pâtisserie : ....
- ❑ Fruité :........................
- ❑ Végétal : ....
- ❑ Épicé :.........................
- ❑ Empyreumétique :...........
- ❑ Marin : ....
- ❑ Lacté :.........................
- ❑ Défauts : ....

Dégustation 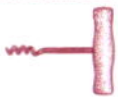

Douceur	Sec	Doux	Mœlleux
Acidité	Faible	Moyenne	Forte
Tanins	Souples	Structurés	Astringents
Corps	Faible	Moyen	Fort
Alcool	Faible	Moyen	Fort
Longueur	Courte	Moyenne	Longue

Remarques

....

....

....

....

Note

―――
20

Identification

Nom : ....

Appellation : ....

Région : ....

Producteur : ....

Cépages : ....

Millésime : ....

Type

❑ Rouge

❑ Blanc

❑ Rosé

❑ Effervescent

Prix : ....

Couleur

			❑ Jaune-vert
❑ Jaune paille	❑ Or vert	❑ Or pâle	❑ Or jaune
❑ Doré	❑ Vieil or	❑ Ambré clair	❑ Ambre foncé
❑ Roux	❑ Framboise	❑ Cerise	❑ Rubis
❑ Pourpre	❑ Violet	❑ Grenat	❑ Tuilé

Odeur

❑ Florale : ....

❑ Amylique : ....

❑ Balsamique : ....

❑ Animale : ....

❑ Minérale : ....

❑ Pâtisserie : ....

❑ Fruitée : ....

❑ Végétale : ....

❑ Épicée : ....

❑ Empyreumétique : ....

❑ Marine : ....

❑ Lactée : ....

❑ Défauts : ....

Goût

- ❑ Floral : ....
- ❑ Amylique : ....
- ❑ Balsamique : ....
- ❑ Animal :......................
- ❑ Minéral : ....
- ❑ Pâtisserie : ....
- ❑ Fruité :.......................
- ❑ Végétal : ....
- ❑ Épicé :........................
- ❑ Empyreumétique :...........
- ❑ Marin : ....
- ❑ Lacté :.........................
- ❑ Défauts : ....

Dégustation

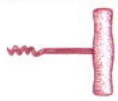

Douceur	Sec	Doux	Mœlleux
Acidité	Faible	Moyenne	Forte
Tanins	Souples	Structurés	Astringents
Corps	Faible	Moyen	Fort
Alcool	Faible	Moyen	Fort
Longueur	Courte	Moyenne	Longue

Remarques

....

....

....

....

Note

____ / 20

Identification

Nom : ....

Appellation : ....

Région : ....

Producteur : ....

Cépages : ....

Millésime : ....

Type

- ☐ Rouge
- ☐ Blanc
- ☐ Rosé
- ☐ Effervescent

Prix : ....

Couleur

			☐ Jaune-vert
☐ Jaune paille	☐ Or vert	☐ Or pâle	☐ Or jaune
☐ Doré	☐ Vieil or	☐ Ambré clair	☐ Ambre foncé
☐ Roux	☐ Framboise	☐ Cerise	☐ Rubis
☐ Pourpre	☐ Violet	☐ Grenat	☐ Tuilé

Odeur

☐ Florale :	☐ Fruitée : ....
☐ Amylique :	☐ Végétale : ....
☐ Balsamique :	☐ Épicée : ....
☐ Animale :	☐ Empyreumétique : ....
☐ Minérale :	☐ Marine : ....
☐ Pâtisserie :	☐ Lactée : ....

☐ Défauts : ....

Goût

❑ Floral : .... ❑ Fruité : ....

❑ Amylique : .... ❑ Végétal : ....

❑ Balsamique : .... ❑ Épicé : ....

❑ Animal : .... ❑ Empyreumétique : ....

❑ Minéral : .... ❑ Marin : ....

❑ Pâtisserie : .... ❑ Lacté : ....

❑ Défauts : ....

Dégustation

Douceur	Sec	Doux	Mœlleux
Acidité	Faible	Moyenne	Forte
Tanins	Souples	Structurés	Astringents
Corps	Faible	Moyen	Fort
Alcool	Faible	Moyen	Fort
Longueur	Courte	Moyenne	Longue

Remarques

....

....

....

....

Note

/20

Identification

Nom : ....

Appellation : ....

Région : ....

Producteur : ....

Cépages : ....

Millésime : ....

Type

❑ Rouge

❑ Blanc

❑ Rosé

❑ Effervescent

Prix : ....

Couleur

			❑ Jaune-vert
❑ Jaune paille	❑ Or vert	❑ Or pâle	❑ Or jaune
❑ Doré	❑ Vieil or	❑ Ambré clair	❑ Ambre foncé
❑ Roux	❑ Framboise	❑ Cerise	❑ Rubis
❑ Pourpre	❑ Violet	❑ Grenat	❑ Tuilé

Odeur

❑ Florale :	❑ Fruitée : ....
❑ Amylique :	❑ Végétale : ....
❑ Balsamique :	❑ Épicée : ....
❑ Animale :	❑ Empyreumétique : ....
❑ Minérale :	❑ Marine : ....
❑ Pâtisserie :	❑ Lactée : ....

❑ Défauts : ....

Goût 

- ❑ Floral : ....
- ❑ Fruité : ....
- ❑ Amylique : ....
- ❑ Végétal : ....
- ❑ Balsamique : ....
- ❑ Épicé : ....
- ❑ Animal : ....
- ❑ Empyreumétique : ....
- ❑ Minéral : ....
- ❑ Marin : ....
- ❑ Pâtisserie : ....
- ❑ Lacté : ....
- ❑ Défauts : ....

Dégustation 

Douceur	Sec	Doux	Mœlleux
Acidité	Faible	Moyenne	Forte
Tanins	Souples	Structurés	Astringents
Corps	Faible	Moyen	Fort
Alcool	Faible	Moyen	Fort
Longueur	Courte	Moyenne	Longue

Remarques

....

....

....

....

Note

―――
20

Identification

Nom : ....

Appellation : ....

Région : ....

Producteur : ....

Cépages : ....

Millésime : ....

Type

- ❑ Rouge
- ❑ Blanc
- ❑ Rosé
- ❑ Effervescent

Prix : ....

Couleur

			❑ Jaune-vert
❑ Jaune paille	❑ Or vert	❑ Or pâle	❑ Or jaune
❑ Doré	❑ Vieil or	❑ Ambré clair	❑ Ambre foncé
❑ Roux	❑ Framboise	❑ Cerise	❑ Rubis
❑ Pourpre	❑ Violet	❑ Grenat	❑ Tuilé

Odeur

- ❑ Florale : ....
- ❑ Fruitée : ....
- ❑ Amylique : ....
- ❑ Végétale : ....
- ❑ Balsamique : ....
- ❑ Épicée : ....
- ❑ Animale : ....
- ❑ Empyreumétique : ....
- ❑ Minérale : ....
- ❑ Marine : ....
- ❑ Pâtisserie : ....
- ❑ Lactée : ....
- ❑ Défauts : ....

Goût

- ❑ Floral : ....
- ❑ Fruité : ....
- ❑ Amylique : ....
- ❑ Végétal : ....
- ❑ Balsamique : ....
- ❑ Épicé : ....
- ❑ Animal : ....
- ❑ Empyreumétique : ....
- ❑ Minéral : ....
- ❑ Marin : ....
- ❑ Pâtisserie : ....
- ❑ Lacté : ....
- ❑ Défauts : ....

Dégustation

Douceur	Sec	Doux	Mœlleux
Acidité	Faible	Moyenne	Forte
Tanins	Souples	Structurés	Astringents
Corps	Faible	Moyen	Fort
Alcool	Faible	Moyen	Fort
Longueur	Courte	Moyenne	Longue

Remarques

....

....

....

....

Note

____ / 20

Identification

Nom : ....

Appellation : ....

Région : ....

Producteur : ....

Cépages : ....

Millésime : ....

Type

❑ Rouge

❑ Blanc

❑ Rosé

❑ Effervescent

Prix : ....

Couleur

			❑ Jaune-vert
❑ Jaune paille	❑ Or vert	❑ Or pâle	❑ Or jaune
❑ Doré	❑ Vieil or	❑ Ambré clair	❑ Ambre foncé
❑ Roux	❑ Framboise	❑ Cerise	❑ Rubis
❑ Pourpre	❑ Violet	❑ Grenat	❑ Tuilé

Odeur

❑ Florale :	❑ Fruitée : ....
❑ Amylique :	❑ Végétale : ....
❑ Balsamique :	❑ Épicée : ....
❑ Animale :	❑ Empyreumétique : ....
❑ Minérale :	❑ Marine : ....
❑ Pâtisserie :	❑ Lactée : ....

❑ Défauts : ....

Goût

- ❑ Floral : ....
- ❑ Fruité : ....
- ❑ Amylique : ....
- ❑ Végétal : ....
- ❑ Balsamique : ....
- ❑ Épicé : ....
- ❑ Animal : ....
- ❑ Empyreumétique : ....
- ❑ Minéral : ....
- ❑ Marin : ....
- ❑ Pâtisserie : ....
- ❑ Lacté : ....
- ❑ Défauts : ....

Dégustation

Douceur	Sec	Doux	Mœlleux
Acidité	Faible	Moyenne	Forte
Tanins	Souples	Structurés	Astringents
Corps	Faible	Moyen	Fort
Alcool	Faible	Moyen	Fort
Longueur	Courte	Moyenne	Longue

Remarques

....

....

....

....

Note

/ 20

Identification

Nom : ....

Appellation : ....

Région : ....

Producteur : ....

Cépages : ....

Millésime : ....

Type

❑ Rouge

❑ Blanc

❑ Rosé

❑ Effervescent

Prix : ....

Couleur

			❑ Jaune-vert
❑ Jaune paille	❑ Or vert	❑ Or pâle	❑ Or jaune
❑ Doré	❑ Vieil or	❑ Ambré clair	❑ Ambre foncé
❑ Roux	❑ Framboise	❑ Cerise	❑ Rubis
❑ Pourpre	❑ Violet	❑ Grenat	❑ Tuilé

Odeur

❑ Florale :	❑ Fruitée : ....
❑ Amylique :	❑ Végétale : ....
❑ Balsamique :	❑ Épicée : ....
❑ Animale :	❑ Empyreumétique : ....
❑ Minérale :	❑ Marine : ....
❑ Pâtisserie :	❑ Lactée : ....

❑ Défauts : ....

Goût 

❏ Floral : ....

❏ Fruité : ....

❏ Amylique : ....

❏ Végétal : ....

❏ Balsamique : ....

❏ Épicé : ....

❏ Animal : ....

❏ Empyreumétique : ....

❏ Minéral : ....

❏ Marin : ....

❏ Pâtisserie : ....

❏ Lacté : ....

❏ Défauts : ....

Dégustation 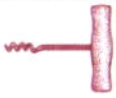

Douceur	Sec	Doux	Mœlleux
Acidité	Faible	Moyenne	Forte
Tanins	Souples	Structurés	Astringents
Corps	Faible	Moyen	Fort
Alcool	Faible	Moyen	Fort
Longueur	Courte	Moyenne	Longue

Remarques

....

....

....

....

Note

____
20

Identification

Nom : ....

Appellation : ....

Région : ....

Producteur : ....

Cépages : ....

Millésime : ....

Type

☐ Rouge

☐ Blanc

☐ Rosé

☐ Effervescent

Prix : ....

Couleur

☐ Jaune-vert

☐ Jaune paille	☐ Or vert	☐ Or pâle	☐ Or jaune
☐ Doré	☐ Vieil or	☐ Ambré clair	☐ Ambre foncé
☐ Roux	☐ Framboise	☐ Cerise	☐ Rubis
☐ Pourpre	☐ Violet	☐ Grenat	☐ Tuilé

Odeur

☐ Florale : ....

☐ Amylique : ....

☐ Balsamique : ....

☐ Animale : ....

☐ Minérale : ....

☐ Pâtisserie : ....

☐ Fruitée : ....

☐ Végétale : ....

☐ Épicée : ....

☐ Empyreumétique : ....

☐ Marine : ....

☐ Lactée : ....

☐ Défauts : ....

Goût 

- ❑ Floral : ....
- ❑ Fruité : ....
- ❑ Amylique : ....
- ❑ Végétal : ....
- ❑ Balsamique : ....
- ❑ Épicé : ....
- ❑ Animal : ....
- ❑ Empyreumétique : ....
- ❑ Minéral : ....
- ❑ Marin : ....
- ❑ Pâtisserie : ....
- ❑ Lacté : ....
- ❑ Défauts : ....

Dégustation 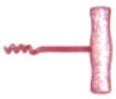

Douceur	Sec	Doux	Mœlleux
Acidité	Faible	Moyenne	Forte
Tanins	Souples	Structurés	Astringents
Corps	Faible	Moyen	Fort
Alcool	Faible	Moyen	Fort
Longueur	Courte	Moyenne	Longue

Remarques

....

....

....

....

Note

____ / 20

Identification

Nom : ....

Appellation : ....

Région : ....

Producteur : ....

Cépages : ....

Millésime : ....

Type

❑ Rouge

❑ Blanc

❑ Rosé

❑ Effervescent

Prix : ....

Couleur

			❑ Jaune-vert
❑ Jaune paille	❑ Or vert	❑ Or pâle	❑ Or jaune
❑ Doré	❑ Vieil or	❑ Ambré clair	❑ Ambre foncé
❑ Roux	❑ Framboise	❑ Cerise	❑ Rubis
❑ Pourpre	❑ Violet	❑ Grenat	❑ Tuilé

Odeur

❑ Florale : ....

❑ Fruitée : ....

❑ Amylique : ....

❑ Végétale : ....

❑ Balsamique : ....

❑ Épicée : ....

❑ Animale : ....

❑ Empyreumétique : ....

❑ Minérale : ....

❑ Marine : ....

❑ Pâtisserie : ....

❑ Lactée : ....

❑ Défauts : ....

Goût

- ❑ Floral : ....
- ❑ Fruité : ....
- ❑ Amylique : ....
- ❑ Végétal : ....
- ❑ Balsamique : ....
- ❑ Épicé : ....
- ❑ Animal : ....
- ❑ Empyreumétique : ....
- ❑ Minéral : ....
- ❑ Marin : ....
- ❑ Pâtisserie : ....
- ❑ Lacté : ....
- ❑ Défauts : ....

Dégustation

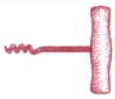

Douceur	Sec	Doux	Mœlleux
Acidité	Faible	Moyenne	Forte
Tanins	Souples	Structurés	Astringents
Corps	Faible	Moyen	Fort
Alcool	Faible	Moyen	Fort
Longueur	Courte	Moyenne	Longue

Remarques

....

....

....

....

Note

____ / 20

Identification

Nom : ……

Appellation : ……

Région : ……

Producteur : ……

Cépages : ……

Millésime : ……

Type

☐ Rouge

☐ Blanc

☐ Rosé

☐ Effervescent

Prix : ……

Couleur

☐ Jaune-vert

☐ Jaune paille ☐ Or vert ☐ Or pâle ☐ Or jaune

☐ Doré ☐ Vieil or ☐ Ambré clair ☐ Ambre foncé

☐ Roux ☐ Framboise ☐ Cerise ☐ Rubis

☐ Pourpre ☐ Violet ☐ Grenat ☐ Tuilé

Odeur

☐ Florale : …… ☐ Fruitée : ……

☐ Amylique : …… ☐ Végétale : ……

☐ Balsamique : …… ☐ Épicée : ……

☐ Animale : …… ☐ Empyreumétique : ……

☐ Minérale : …… ☐ Marine : ……

☐ Pâtisserie : …… ☐ Lactée : ……

☐ Défauts : ……

Goût

- ❑ Floral : ....
- ❑ Fruité : ....
- ❑ Amylique : ....
- ❑ Végétal : ....
- ❑ Balsamique : ....
- ❑ Épicé : ....
- ❑ Animal : ....
- ❑ Empyreumétique : ....
- ❑ Minéral : ....
- ❑ Marin : ....
- ❑ Pâtisserie : ....
- ❑ Lacté : ....
- ❑ Défauts : ....

Dégustation

Douceur	Sec	Doux	Mœlleux
Acidité	Faible	Moyenne	Forte
Tanins	Souples	Structurés	Astringents
Corps	Faible	Moyen	Fort
Alcool	Faible	Moyen	Fort
Longueur	Courte	Moyenne	Longue

Remarques

....

....

....

....

Note

____
20

Identification

Nom : ....

Appellation : ....

Région : ....

Producteur : ....

Cépages : ....

Millésime : ....

Type

- ❑ Rouge
- ❑ Blanc
- ❑ Rosé
- ❑ Effervescent

Prix : ....

Couleur

- ❑ Jaune-vert
- ❑ Jaune paille
- ❑ Or vert
- ❑ Or pâle
- ❑ Or jaune
- ❑ Doré
- ❑ Vieil or
- ❑ Ambré clair
- ❑ Ambre foncé
- ❑ Roux
- ❑ Framboise
- ❑ Cerise
- ❑ Rubis
- ❑ Pourpre
- ❑ Violet
- ❑ Grenat
- ❑ Tuilé

Odeur

- ❑ Florale : ....
- ❑ Fruitée : ....
- ❑ Amylique : ....
- ❑ Végétale : ....
- ❑ Balsamique : ....
- ❑ Épicée : ....
- ❑ Animale : ....
- ❑ Empyreumétique : ....
- ❑ Minérale : ....
- ❑ Marine : ....
- ❑ Pâtisserie : ....
- ❑ Lactée : ....
- ❑ Défauts : ....

Goût 

- ❏ Floral : ....
- ❏ Fruité : ....
- ❏ Amylique : ....
- ❏ Végétal : ....
- ❏ Balsamique : ....
- ❏ Épicé : ....
- ❏ Animal : ....
- ❏ Empyreumétique : ....
- ❏ Minéral : ....
- ❏ Marin : ....
- ❏ Pâtisserie : ....
- ❏ Lacté : ....
- ❏ Défauts : ....

Dégustation 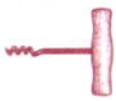

Douceur	Sec	Doux	Mœlleux
Acidité	Faible	Moyenne	Forte
Tanins	Souples	Structurés	Astringents
Corps	Faible	Moyen	Fort
Alcool	Faible	Moyen	Fort
Longueur	Courte	Moyenne	Longue

Remarques

....

....

....

....

Note

―――
20

Identification

Nom : ....

Appellation : ....

Région : ....

Producteur : ....

Cépages : ....

Millésime : ....

Type

☐ Rouge

☐ Blanc

☐ Rosé

☐ Effervescent

Prix : ....

Couleur

			☐ Jaune-vert
☐ Jaune paille	☐ Or vert	☐ Or pâle	☐ Or jaune
☐ Doré	☐ Vieil or	☐ Ambré clair	☐ Ambre foncé
☐ Roux	☐ Framboise	☐ Cerise	☐ Rubis
☐ Pourpre	☐ Violet	☐ Grenat	☐ Tuilé

Odeur

☐ Florale : ....

☐ Amylique : ....

☐ Balsamique : ....

☐ Animale : ....

☐ Minérale : ....

☐ Pâtisserie : ....

☐ Fruitée : ....

☐ Végétale : ....

☐ Épicée : ....

☐ Empyreumétique : ....

☐ Marine : ....

☐ Lactée : ....

☐ Défauts : ....

Goût

- ❑ Floral : ....
- ❑ Amylique : ....
- ❑ Balsamique : ....
- ❑ Animal :.......................
- ❑ Minéral : ....
- ❑ Pâtisserie : ....
- ❑ Fruité :........................
- ❑ Végétal : ....
- ❑ Épicé :..........................
- ❑ Empyreumétique :...........
- ❑ Marin : ....
- ❑ Lacté :..........................
- ❑ Défauts : ....

Dégustation

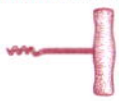

Douceur	Sec	Doux	Mœlleux
Acidité	Faible	Moyenne	Forte
Tanins	Souples	Structurés	Astringents
Corps	Faible	Moyen	Fort
Alcool	Faible	Moyen	Fort
Longueur	Courte	Moyenne	Longue

Remarques

....

....

....

....

Note

____
20

Identification

Nom : ....

Appellation : ....

Région : ....

Producteur : ....

Cépages : ....

Millésime : ....

Type

- ☐ Rouge
- ☐ Blanc
- ☐ Rosé
- ☐ Effervescent

Prix : ....

Couleur

			☐ Jaune-vert
☐ Jaune paille	☐ Or vert	☐ Or pâle	☐ Or jaune
☐ Doré	☐ Vieil or	☐ Ambré clair	☐ Ambre foncé
☐ Roux	☐ Framboise	☐ Cerise	☐ Rubis
☐ Pourpre	☐ Violet	☐ Grenat	☐ Tuilé

Odeur

☐ Florale :	☐ Fruitée : ....
☐ Amylique :	☐ Végétale : ....
☐ Balsamique :	☐ Épicée : ....
☐ Animale :	☐ Empyreumétique : ....
☐ Minérale :	☐ Marine : ....
☐ Pâtisserie :	☐ Lactée : ....

☐ Défauts : ....

Goût

- ❑ Floral : ....
- ❑ Fruité : ....
- ❑ Amylique : ....
- ❑ Végétal : ....
- ❑ Balsamique : ....
- ❑ Épicé : ....
- ❑ Animal : ....
- ❑ Empyreumétique : ....
- ❑ Minéral : ....
- ❑ Marin : ....
- ❑ Pâtisserie : ....
- ❑ Lacté : ....
- ❑ Défauts : ....

Dégustation

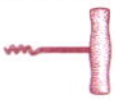

Douceur	Sec	Doux	Mœlleux
Acidité	Faible	Moyenne	Forte
Tanins	Souples	Structurés	Astringents
Corps	Faible	Moyen	Fort
Alcool	Faible	Moyen	Fort
Longueur	Courte	Moyenne	Longue

Remarques

....

....

....

....

Note

/ 20

Identification

Nom : ....

Appellation : ....

Région : ....

Producteur : ....

Cépages : ....

Millésime : ....

Type

☐ Rouge

☐ Blanc

☐ Rosé

☐ Effervescent

Prix : ....

Couleur

			☐ Jaune-vert
☐ Jaune paille	☐ Or vert	☐ Or pâle	☐ Or jaune
☐ Doré	☐ Vieil or	☐ Ambré clair	☐ Ambre foncé
☐ Roux	☐ Framboise	☐ Cerise	☐ Rubis
☐ Pourpre	☐ Violet	☐ Grenat	☐ Tuilé

Odeur

☐ Florale :	☐ Fruitée : ....
☐ Amylique :	☐ Végétale : ....
☐ Balsamique :	☐ Épicée : ....
☐ Animale :	☐ Empyreumétique : ....
☐ Minérale :	☐ Marine : ....
☐ Pâtisserie :	☐ Lactée : ....

☐ Défauts : ....

Goût

- ❑ Floral : ....
- ❑ Fruité : ....
- ❑ Amylique : ....
- ❑ Végétal : ....
- ❑ Balsamique : ....
- ❑ Épicé : ....
- ❑ Animal : ....
- ❑ Empyreumétique : ....
- ❑ Minéral : ....
- ❑ Marin : ....
- ❑ Pâtisserie : ....
- ❑ Lacté : ....
- ❑ Défauts : ....

Dégustation

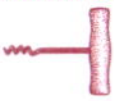

Douceur	Sec	Doux	Mœlleux
Acidité	Faible	Moyenne	Forte
Tanins	Souples	Structurés	Astringents
Corps	Faible	Moyen	Fort
Alcool	Faible	Moyen	Fort
Longueur	Courte	Moyenne	Longue

Remarques

....

....

....

....

Note

―――
20

Identification

Nom : ....

Appellation : ....

Région : ....

Producteur : ....

Cépages : ....

Millésime : ....

Type

❑ Rouge

❑ Blanc

❑ Rosé

❑ Effervescent

Prix : ....

Couleur

			❑ Jaune-vert
❑ Jaune paille	❑ Or vert	❑ Or pâle	❑ Or jaune
❑ Doré	❑ Vieil or	❑ Ambré clair	❑ Ambre foncé
❑ Roux	❑ Framboise	❑ Cerise	❑ Rubis
❑ Pourpre	❑ Violet	❑ Grenat	❑ Tuilé

Odeur

❑ Florale :	❑ Fruitée : ....
❑ Amylique :	❑ Végétale : ....
❑ Balsamique :	❑ Épicée : ....
❑ Animale :	❑ Empyreumétique : ....
❑ Minérale :	❑ Marine : ....
❑ Pâtisserie :	❑ Lactée : ....

❑ Défauts : ....

Goût

- ❑ Floral : ....
- ❑ Fruité : ....
- ❑ Amylique : ....
- ❑ Végétal : ....
- ❑ Balsamique : ....
- ❑ Épicé : ....
- ❑ Animal : ....
- ❑ Empyreumétique : ....
- ❑ Minéral : ....
- ❑ Marin : ....
- ❑ Pâtisserie : ....
- ❑ Lacté : ....
- ❑ Défauts : ....

Dégustation

Douceur	Sec	Doux	Mœlleux
Acidité	Faible	Moyenne	Forte
Tanins	Souples	Structurés	Astringents
Corps	Faible	Moyen	Fort
Alcool	Faible	Moyen	Fort
Longueur	Courte	Moyenne	Longue

Remarques

....

....

....

....

Note

―――

20

Crédits photographiques

Illustrations : **Shutterstock.com :** alya_haciyeva, Bodor Tivadar, Fischer Fotostudio, Istry Istry, Nata_Alhontess, Prokhorovich, RomanYa, SofiaV.